Hilke Jabbarian

Der Schleier in der Religions- und Kulturgeschichte

Interreligiöse Perspektiven

Band 4

LIT

Hilke Jabbarian

Der Schleier in der Religions- und Kulturgeschichte

Eine Untersuchung von seinem Ursprung bis zu den Anfängen der Islamischen Republik Iran

LIT

Umschlagbild: Wakil-Bazar Shiraz/Iran (Privatbesitz)

Bibliografische Information der Deutschen Nationalbibliothek
Die Deutsche Nationalbibliothek verzeichnet diese Publikation in der Deutschen Nationalbibliografie; detaillierte bibliografische Daten sind im Internet über http://dnb.d-nb.de abrufbar.

ISBN 978-3-8258-1938-5

Verlagskontakt:
Fresnostr. 2 D-48159 Münster
Tel. +49 (0) 2 51-620 32 22 Fax +49 (0) 2 51-922 60 99
e-Mail: lit@lit-verlag.de http://www.lit-verlag.de

Auslieferung:
Deutschland: LIT Verlag Fresnostr. 2, D-48159 Münster
Tel. +49 (0) 2 51-620 32 22, Fax +49 (0) 2 51-922 60 99, e-Mail: vertrieb@lit-verlag.de

Österreich: Medienlogistik Pichler-ÖBZ GmbH & Co KG
IZ-NÖ, Süd, Straße 1, Objekt 34, A-2355 Wiener Neudorf
Tel. +43 (0) 22 36-63 53 52 90, Fax +43 (0) 22 36-63 53 52 43, e-Mail: mlo@medien-logistik.at

Schweiz: B + M Buch- und Medienvertriebs AG
Hochstr. 357, CH-8200 Schaffhausen
Tel. +41 (0) 52-643 54 85, Fax +41 (0) 52-643 54 35, e-Mail: order@buch-medien.ch

Für Jan und Lea

Vorwort

Die vorliegende Arbeit widmet sich dem Schleier in den Religionen des Hinduismus, Judentums, Christentums und vor allem dem Islam. Dabei gilt es zu untersuchen, welche Auswirkung er auf den Alltag der Frauen erfährt und hier insbesondere den der Frauen im Iran bis Anfang der 80er Jahre, dem Schwerpunkt dieser Arbeit.
Seit Jahrtausenden bieten der Schleier und das Kopftuch in den unterschiedlichsten Kulturen und Religionen Anlass zu endlosen Diskussionen, Geboten und Verboten, sexuellen Männerfantasien, Frauendiskriminierung und deren Widerstand gegen dieses allmächtige Stückchen Stoff.
Als ich diese Arbeit 1982 unter dem Eindruck der iranischen Revolution der Jahre 1978/79 und der Errichtung der Islamischen Republik Iran, dem Gottesstaat Ayatollah Khomeinis, begann, habe ich es nicht für möglich gehalten, dass der Schleier uns so lange Jahre, ja mittlerweile Jahrzehnte beschäftigen würde.
Khomeinis Traum von der grenzüberschreitenden, weltumspannenden Islamischen Revolution ist (noch) nicht eingetreten, doch seine Botschaft hat zweifelsohne die Verfechter der islamischen Kleiderordnung und fundamentalischen Kräfte gestärkt, die heute die weltweiten Schlagzeilen bestimmen. Dabei sollten wir die ca. 1,2 Mrd. Muslime, die in Frieden miteinander leben wollen und ein anderes, liberales Verständnis vom Islam haben, nicht aus unserem Blickwinkel verlieren.
Der Islam mit seiner mehr als 1400jährigen Geschichte ist facettenreich und die Auslegungsvarianten seiner Schriften und Traditionen sind ebenso zahlreich und unterschiedlich wie in anderen Religionen, denn den „Islam“ und den „Muslim“ gibt es genauso wenig wie etwa

das „Judentum“ und den „Juden“ oder das „Christentum“ und den „Christen“.

INHALTSVERZEICHNIS

1. EINLEITUNG

Die Art sich zu kleiden spielt von jeher im Zusammenleben von Menschen eine mehr oder weniger bedeutende Rolle, dient sie doch dazu andere Menschen zu beeindrucken und Furcht, Verlangen oder Bewunderung zu erregen. Darüber hinaus macht sie für alle Mitglieder einer Gesellschaft sichtbar, wer welcher Klasse bzw. Schicht angehört.

Die europäische Geschichte weist unzählige Kleiderordnungen und -vorschriften auf, die sehr detaillierte Anweisungen darüber enthalten, was welcher Bürger bzw. welche Bürgerin tragen durfte und was nicht.

Joachim Leuschner betont nachdrücklich den ständischen Charakter der Kleidung, der bis in unsere Gegenwart in Resten noch sichtbar ist.[1]

Der Theologe, Historiker und Orientalist R. Brasch fasst die Geschichte der Kleidung wie folgt zusammen:

> *„Kleidung war das frühste Statussymbol, das über den Beruf, die Macht und die gesellschaftliche Stellung ihres Trägers Auskunft gab.“*[2]

Die Modegeschichte, die für jede Epoche das ihr entsprechende Kleidungsstück vorweisen kann, steht im unmittelbaren Zusammenhang mit den sich permanent verändernden sozio-ökonomischen Bedingungen.

Das Angebot der Mode richtet sich in erster Linie an die Frauen der oberen Schichten, die über die finanziellen Mittel verfügen, die Créationen der Haute Couture zu erstehen. Nach Beauvoir handelt es sich dabei nicht um den Ausdruck wahrer Autonomie, sondern vielmehr um die Degradierung zum erotischen Objekt, denn

> *„Das Ziel der Moden, denen sie unterworfen ist, besteht nicht*

darin, sie als ein autonomes Individuum zu enthüllen, sondern im Gegenteil sie von der Transzendenz abzuschneiden, um sie der männlichen Begierde als Beute anzubieten.“[3]

Zusammenfassend lässt sich feststellen, dass die Art der Bekleidung, die in einer Gesellschaft vorherrscht, es uns bedingt ermöglicht, auf die Einstellung der Menschen zu ihrem Leben, ihrer Gesellschaft und ihrem Verhältnis zum anderen Geschlecht zu schließen.

Von dieser Annahme ausgehend untersucht die vorliegende Arbeit den historischen Wandel des Schleiers in der Religions- und Kulturgeschichte bis zu den Anfängen der iranischen Revolution.

Der Schleier, der uns vor allem aus den islamischen Ländern bekannt ist, geriet durch die Ereignisse der iranischen Revolution in den Jahren 1978/79 ins Kreuzfeuer der Kritik. Mit dieser Diskussion wird sich im Wesentlichen der 2. Abschnitt beschäftigen, wobei der „Schleier“ und seine verschiedenen Erscheinungsformen zu betrachten ist.

Im 3. Abschnitt folgt eine Darstellung der historisch- gesellschaftlichen Entwicklung, die der Schleier als Bekleidungsstück in den verschiedenen Religionen durchlaufen hat.

Im Mittelpunkt des 4. Kapitels steht der Schleier in der islamischen Welt, der vielfach mit der Segregation verbunden ist, die sich je nach Milieu bzw. Schichtenzugehörigkeit unterschiedlich auswirkt.

Anhand der politischen Bewegungen im Iran des 19./ 20. Jahrhunderts soll anschließend untersucht werden, welche politische Rolle der Schleier dort bei verschiedenen Ereignissen einnahm.

Das 6. Kapitel fasst die Geschichte des Schleiers zusammen und stellt die Frage nach seiner Bedeutung für die zukünftige Stellung der Frau in den islamisch geprägten Ländern.

Ziel der Arbeit ist ein besseres Verständnis der Schleier- bzw. Kopftuchfrage und damit verbunden, die der Rolle der Frau in der islamischen Welt. Sollte die Arbeit bei den Lesern eine erhöhte Sensibilität gegenüber den Berichterstattungen über die islamische Welt bewirken, wäre dafür vielleicht der erste Schritt getan.

2. DER SCHLEIER ALS STREITGEGENSTAND

2.1 Die Diskussion der Schleierfrage in den 80er Jahren des 20. Jahrhunderts

Die veränderte politische Lage im Iran belebte 1978/79 die Diskussion um das Verhältnis von Islam und christlichem Abendland.

> *„Seit dem Sturz der persischen Monarchie durch eine Revolution, die sich als „islamisch" bezeichnet, ist ein ermüdender Strom von Artikeln und Pamphleten, von Taschenbüchern und Dokumentationsbänden über Wochenendtagungen, die sich mit dem Islam befassten, über Europa geschwemmt."*[4]

Es ist äußerst fragwürdig, ob das vorrangige Interesse wirklich der Weltreligion Islam gilt oder, ob es sich hierbei nicht vielmehr um den Ausdruck einer ökonomischen Notwendigkeit handelt.

Das unerwartete Engagement für den Islam, das zahlreiche Journalisten „plötzlich" zeigen, ist zum einen in der Aktualität der Ereignisse wie etwa dem 11. September 2003 oder dem Irak- und Afghanistan-Krieg begründet, zum anderen in den ökonomischen Erfordernissen, sich mit diesem „religiösen" Phänomen der islamischen Welt auseinanderzusetzen.

Die Industriestaaten wissen sehr wohl, dass die islamischen Länder eine Region umfasst, die für sie von existentieller Bedeutung ist. Die iranische Revolution hat dem Westen, wie schon die Ölkrise im Jahr 1973, deutlich gemacht, wie leicht das hiesige Wirtschaftssystem ins Wanken geraten kann.

In allen auch noch so religiös „angehauchten" Sendungen westlicher Medien über die islamischen Staaten, hat das ökonomische Interesse Vorrang, verfügt doch die islamische Welt

> *„... über das für den Westen wie für den Osten lebensnotwendig gewordene Erdöl."*[5]

Mit dem Interesse am Islam wurde auch die Diskussion um ein allgemeingültiges Verschleierungsgebot der muslimischen Frauen wieder aufgenommen.
Es gibt kaum Literatur über den Islam, die nicht zumindest mit einer Randbemerkung auf das Problem des Schleiergebots eingeht. Die Darstellung und Bewertung variiert jedoch beträchtlich, denn die Beurteilung des Streitgegenstandes ist im höchsten Maße davon abhängig, ob es sich um eine Interpretation aus der Sicht der betroffenen Länder handelt oder um die, aus der so genannten „hochzivilisierten" Welt, den Industriestaaten. Letztere treten nach Boisard der „Dritten Welt" mit einem unbewusst zweideutigen Gefühl der Angst und Verachtung entgegen. Die Angst beruht in dem Wissen um die Abhängigkeit von den Rohstoffen und Energiequellen der „Dritten Welt", während die Ursachen der Verachtung eine andere Dimension einnehmen.

> *„Herablassung als Folge eines fest verwurzelten Ethnozentrismus, genährt von geschichtlichen Erinnerungen, objektiven Vergleichen der wirtschaftlichen Entwicklung der Gesellschaften und wohl auch einem unterschwelligen Rassismus."*[6]

Diese Meinung wird von Brentjes geteilt und so verwundert es nicht, dass er die Schleierfrage auf diesem Hintergrund untersucht. Die Tradition des Schleiers, die in vielen Ländern noch immer beibehalten bzw. neubelebt wird, gilt in unserem Kulturkreis *„... als Hauptform der Unterdrückung der Frau im Islam."*[7]
Brentjes kritisiert zu Recht die Gleichsetzung von Islam und Unterdrückung durch die westlichen Medien. Es stellt sich die Frage, wie es zu der Assoziation Islam gleich Unterdrückung kommt? Ist sie das Ergebnis einer ernsthaften Analyse einer anderen, uns nur schwer verständlichen Welt oder ist sie das Resultat einer Vorurteils beladenen Einstellung gegenüber einer Welt, die in den westlichen Ländern

vielfach als primitiv und rückständig angesehen wird? Erinnert sei an dieser Stelle an das zweideutige Gefühl aus Angst und Verachtung, wie es Boisard beschrieb.

Es werden seit der iranischen Revolution heftige Debatten geführt, ob der Schleier jemals zur Befreiung der Frau beigetragen hat oder, ob er nicht schon immer ein Mittel der Repression gewesen ist. Brentjes beklagt in der Auseinandersetzung um das traditionelle Bekleidungsstück mangelnde Objektivität, denn

> *„... auch in dieser Frage paaren sich Unverständnis und Propaganda, Verachtung einer fremden Tradition und die Überschätzung eigenen Gebrauchs."*[8]

Ein besonderer Mangel liegt demnach in der Nichtbeachtung der sozioökonomischen Strukturen der jeweiligen Länder und so verwundert es kaum, wenn vielfach unbedenklich Übertragungen westlicher Sitten und ideologischer Positionen stattfinden. Als Beispiel sei hier das westliche Konsumverhalten in Hinblick auf die Bekleidungsgewohnheiten angeführt, das auf die unterentwickelt gehaltenen Länder[9] projiziert wird. Für die arabische Frau schildert diese Auswirkungen die ägyptische Feministin Nawal el Saadawi:

> *„Nicht einmal über das was ihr bleibt, die äußere Erscheinung, kann die arabische Frau entscheiden. Wie sie auszusehen hat, wird anderweitig bestimmt: in den westlichen Zentren der Industrie für „weiblichen Bedarf".*
>
> *Die moderne Frau in Bagdad, Kairo oder Tunis trägt nicht, was ihr gefällt, sondern sie richtet sich danach, was tonangebende „Modeschöpfer" in den kapitalistischen Metropolen, in Paris oder New York, ihr als „chic" vorschreiben."* [10]

Dass die führenden Moderschöpfer in den Hochburgen der westlichen Haute Couture den Schleier nicht als letzten „Schrei" bzw. „chic" anpreisen, dürfte klar sein, da sich mit ihm sicherlich nicht soviel Geld verdienen lässt, wie mit der sich jährlich wandelnden Mode. Da die westliche Haute Couture in der Regel die Bedürfnisse der muslimischen Frau, die sich der islamischen Kleiderordnung verpflichtet fühlt, nicht wahrnimmt, finden sich zunehmend kleine muslimische Unternehmen, die diesem wachsenden Markt Rechnung tragen. In Australien gibt es z.B. Unternehmerinnen, die sich der islamischen Bademode verschrieben haben und so gläubigen Musliminnen eine Tätigkeit als baywatcher ermöglichten. Die Resonanz auf diese Bademode ist so groß, dass sie mittlerweile Aufträge aus aller Welt erhalten. In der Türkei, in der das Kopftuch für aktuelle Diskussionen sorgt, finden Geschäfte für die islamische Kopfbedeckung zunehmend großen Zuspruch bei konservativen wie modebewussten Musliminnen.

Für die westlichen Medien scheint es müßig, der Frage nach der Herkunft und Tradition des Schleiers in der Welt, also auch der westlichen und den Verflechtungen der westlichen Interessen in den islamischen Ländern nachzugehen. Auch drängt sich die Frage auf, ob Kleidung als alleiniger objektiver Maßstab für die individuelle Freiheit einer Frau angesehen werden kann oder nicht? Ist die „freie" Kleiderwahl, über die wir Frauen in der westlichen Welt verfügen, wirklich Ausdruck einer gleichberechtigten Teilhabe auf allen gesellschaftlichen Ebenen, bis hin zur Vorstandsebene oder wird die alltägliche Benachteiligung, der viele Frauen nach wie vor ausgesetzt sind, auf andere Art und Weise „verschleiert". Zweifelsohne mag Kleidung ein Hinweis, ein Gradmesser für die Partizipation der Frau am gesellschaftlichen Leben sein, aber allein von der Bekleidung auf die Freiheit oder Unfreiheit einer Frau schließen zu wollen, lässt einen wesentlichen Aspekt außer acht, den der ökonomischen und juristischen Bedingungen, denn diese wiederum bestimmen maßgeb-

lich die Stellung und Teilhabe eines jeden Menschen in bzw. an einer Gesellschaft.
Saadawi warnt davor, solche Probleme isoliert zu betrachten, da sie nur aus den Zusammenhängen mit den wirtschaftlichen und sozialen Zwängen eines jeden Landes verständlich werden, denn

> *„Unterdrückung ist das tägliche Los des weiblichen Geschlechts – in den hoch entwickelten ebenso wie in den unterentwickelten Ländern.“* [11]

Saadawis Aussage muss sicherlich dahingehend ergänzt werden, dass die Benachteiligung der Frauen in den hoch entwickelten Ländern andere Erscheinungsformen einnimmt als in der sogenannten Dritten Welt und viele Frauen aus diesen Ländern uns um unsere „Unterdrückung“ beneiden, die eine Teilhabe an der Bildung, der juristischen Gleichbehandlung oder der Entscheidung der Lebensform ermöglicht, die für sie vielfach nur ein Traum sind.
Für das islamische Einflussgebiet steht in den Medien und Diskussionen vielfach der Schleier als alleiniges Symbol der Unterdrückung, dabei ist er nur die Spitze eines Eisbergs der Diskriminierung und Negierung der Frau.
Wer die Diskussion um das Kleidungsstück Schleier führt, sollte auch nach der Teilhabe am öffentlichen Leben und den Rechten der Frau fragen.
Solange Frauen in der westlichen Gesellschaft als Objekt einer konsumorientierten Industrie und als billige, ständig verfügbare Reservearmee am heimischen Herd[12] fungieren, der z.B. die Familienpolitik je nach Haushaltslage in Fragen der Familie und der Kinderbetreuung bezüglich der Verknüpfung von Familie, Kinder und Beruf Gehör schenkt oder auch nicht, teilen wir ein ähnliches Schicksal wie viele Frauen in dieser patriarchalisch-geprägten Welt[13]: das der

ökonomischen Abhängigkeit und Benachteiligung auf Grund des Geschlechts.
Die Diskussion um den Schleier und die Emanzipation[14] der Frau scheint in unseren Medien nur vordergründig geführt. Sie zeichnet sich vielfach weder durch ein Verständnis für eine andere Kultur und deren Traditionen aus, noch durch die dafür gebührend notwendige Sachlichkeit, vielmehr scheint es um die Abwertung der islamisch geprägten Welt zugehen, bei gleichzeitiger Aufwertung des christlichen Westen.

2.2 Allgemeine Bemerkungen zum Schleier

Der Schleier ist uns als Kleidungsstück bzw. -teil aus vielen Kulturen überliefert. In der Regel verbinden wir mit dem Schleier die Vorstellung von einem, den gesamten Körper einhüllenden Stoff. Von diesem Körperschleier gibt es unzählige Variationen, die vom Ganzkörperschleier, dem Brautschleier bis zu den verschiedensten Kopftüchern reichen.
In Indien ist auch heute noch der Sari weit verbreitet. Er besteht aus einem großen Umschlagtuch, das sich die indische Frau in genau vorgeschriebener Weise um den Körper und den Kopf wickelt. In seinen Farben und Ausschmückungen, je nach Geldbeutel der Trägerin, scheint er keine Grenzen zu kennen.
Das Kopftuch, das wir zumeist von Türkinnen oder älteren Aussiedlerinnen aus der früheren Sowjetunion kennen, die bei uns leben, bildet den Überrest des ehemaligen Köperschleiers. In vielen ehemaligen Obstblockstaaten zählt es, insbesondere in ländlichen Gebieten, zur üblichen Kopfbekleidung.
Auffällig ist, dass diese Kopfbedeckungen und Kleidungsstücke in

erster Linie den Frauen zugeschrieben werden. Doch wo liegen die Ursprünge des Schleiers?

Brasch führt die Tradition des Schleiers auf den ursprünglichen Brautraub zurück. Die geraubte Frau wurde in ein Stück Stoff gerollt und verschleppt.

Erst später *„... begann der Schleier die subtilere und mehr psychologische Bedeutung anzunehmen“*, die bis zur völligen Unterwerfung der Frau reichte.[15]

Verfechter des Schleiers sprechen der Verschleierung etwas Aufreizendes, ja Erotisches zu, denn Verborgenes scheint für den Betrachter demütiger, schöner, aber auch aufregender und anziehender zu sein, als das Sichtbare.[16]

Ferner wird dem Schleier eine Schutzfunktion zugesprochen. Die Frau bedarf vor den „schädlichen“ Einflüssen ihrer Umwelt eines besonderen Schutzes, wie auch ihre Umwelt einen Schutz vor ihr zu benötigen scheint.

Hier werden Vorstellungen von der vermeintlichen Minderwertigkeit, Treulosigkeit und sexuellen Unersättlichkeit der Frau sichtbar.[17]

Überhaupt scheint die Angst vor der weiblichen Sexualität in der Schleierfrage eine bedeutende Rolle zu spielen.

In der altpersischen Religion finden sich zahlreiche Darstellungen weiblicher Wesen, die als böse Geister auftreten.[18]

So verwundert es kaum, dass ausgerechnet die Vertreter einer männerbeherrschten Welt den Schutz des so genannten „schwachen“ Geschlechts fordern, um sich selbst nicht zu gefährden. Da Frauen für böse Einflüsse anfälliger zu sein scheinen, jedenfalls nach Auffassung „verängstigter“ Männer, wurde den Frauen der Schleier verordnet.[19] Womit der Aufsichtspflicht des „starken“ Geschlechts genüge getan war.

2.2.1 Schleierarten

Wie bereits in den allgemeinen Bemerkungen zum Schleier angedeutet, handelt es sich bei diesem Kleidungsstück nicht um einen einheitlichen Gegenstand, sondern um unterschiedliche Ausprägungen, die es näher zu betrachten gilt.

Uns sind die verschiedensten Schleierarten bekannt, die jeweils nur für ein ganz bestimmtes geographisches Gebiet Gütigkeit besitzen. Jede Region weist so den für sie charakteristischen Schleier auf. In der Literatur finden sich daher auch unterschiedliche Bezeichnungen für das Kleidungsstück, das wir im Allgemeinen mit Schleier bezeichnen. Je nach Landessprache heißt er Milāya, Abāya[20], Tschador[21], Tscharschaf [22], Hiğab[23], Burku[24] oder Abā[25], sie alle stehen synonym für den Schleier.

Mit diesen Namen selbst ist zunächst nur wenig über die Art und das Tragen des Bekleidungsstücks ausgesagt.

Walther nimmt in ihren Ausführungen zu diesem Thema eine geographische Zuordnung vor:

> *„Frauen aus dem Kleinbürgertum, dem städtischen Proletariat auf dem Lande hüllen sich immer noch in den schwarzen Umhang, der in Ägypten Milāya heißt, im Irak Abāya, im Iran Tschādor und in der Türkei Tscharschaf.“*[26]

Zum besseren Verständnis soll der persische Schleier näher beschrieben werden, da er vielen aus den Berichterstattungen der Medien aus dem Iran bekannt ist.

Das persische Wort cādor heißt sowohl Zelt als auch Schleier, erst durch eine Wortzusammensetzung erfolgt eine genauere Bestimmung, die durch den Zusatz „namāz“ erfolgt.

Mit cādor-namāz ist lediglich der Schleier gemeint, der von der iranischen Frau im Haus getragen wird.[27]

Ein Rückschluss auf die Farbe des Schleiers lässt sich aus der Übersetzung des Wortes nicht ziehen.

In den westlichen Medien hingegen wird allgemein der Eindruck erweckt, als handle es sich beim Tschador stets um einen schwarzen Körperschleier.[28]

Dieser Eindruck täuscht. Die schwarze Farbe hat im Iran zweierlei Bedeutung, zum einen drückt sie die Trauer aus und zum anderen gilt sie als vornehm.

Aus der Art des schwarzen Tschadors kann zudem auf die Schichtenzugehörigkeit der Trägerin geschlossen werden, dieses ist umso verwunderlicher, wird doch stets behauptet, dass es sich um ein Bekleidungsstück handelt, das gerade verhindern soll, dass der Gesellschaftsstand sichtbar wird.[29]

Aber nicht jede Frau kann sich den teuren schwarzen Stoff leisten, der aus Baumwolle oder feiner Seide bestehen kann. Die schwarzen Stoffe sind wesentlich teurer, als die farbigen und gemusterten und so verwundert es nicht, dass Frauen aus den unteren Schichten auf die billigen gemusterten Stoffe zurückgreifen.[30]

Die Farbe des Schleiers ist auch regional gebunden, so ist z.B. der schwarze Schleier in Nordafrika unüblich. Nur aus Anlässen wie z.B. von Trauerfeierlichkeiten, legen nordafrikanische Musliminnen den schwarzen Schleier an, ansonsten tragen sie einen Umhang, der aus weißem Stoff gefertigt ist.[31]

Welche Formen es gibt, schildert Krüger. Er stellt drei unterschiedliche Schleierarten vor, die er sehr detailliert beschreibt.

> *„… ein den Kopf deckendes, lang herabfallendes Tuch, das umgeworfen oder mit der Hand zusammengerafft das Gesicht bis auf die Augenpartie verdeckt – ein ebensolcher Überwurf und ein Gesichtstuch, das über Nase, Hals und Oberkörper herabhängt – eine Kopfstulpe mit angehefteter bodenlanger Glocke, darin ein*

nur als Häkelei transparenter Augenausschnitt. Ersteres herrscht in Persien und Kleinasien vor, die Gesichtsmaske ist städtisch-arabische Spezialität, der dritte Typ nordindisch-zentralasiatisch.“[32]

In Ruth Frances Woodsmalls Ausführungen zum „Aufstieg der mohammedanischen Frau“, finden sich Fotografien, die in den 30er Jahren u.a. in Indien gemacht wurden. Sie zeigen muslimische Frauen in ihrer alltäglichen Hauskleidung, als auch tief verschleierte Frauen, die in ihrem Straßengewand auftreten. Die Straßengewänder sind mit einem Sichtfenster aus einem dünnen Netzstoff versehen.[33]

Diese Schleierart war bzw. ist auch noch heute vorwiegend in orthodox-muslimischen Kreisen verbreitet und uns bestens aus den Berichten aus Afghanistan und der einstigen Schreckensherrschaft der Taliban bekannt.

Der Sari, der zur traditionellen Bekleidung der indischen und pakistanischen Frau zählte, wurde 1982 in Pakistan zum „unislamischen“ Kleidungsstück erklärt.

Die weiblichen Angestellten in den pakistanischen Behörden und öffentlichen Einrichtungen wurden angewiesen, auf den Sari zu verzichten und in der traditionellen pakistanischen Kleidung, bestehend aus Pluderhose und Hemd, zur Arbeit zu erscheinen. Die männlichen Regierungsangestellten waren schon Wochen zuvor aufgefordert worden, den Anzug ebenfalls gegen Pluderhose und Hemd zu tauschen.[34]

Die von Woodsmall gemachten Aufnahmen der iranischen Schleier aus den 30er Jahren entstammen der Zeit vor der großen „Entschleierungskampagne“ unter Reza Schah. Auffällig ist der Unterschied zwischen Stadt- und Landbewohnerinnen. Während die Stadtbewohnerin den schwarzen Ganzkörperschleier trägt, den sie mit großem Geschick mit den Zähnen zusammenzuhalten weiß, kleidet die Landbewohnerin sich ehe in einer Tracht, die sie nicht an ihrer alltäglichen Haus- und Feldarbeit hindert.[35]

Der Religionswissenschaftler Antes verweist bezüglich der Schleierarten ausdrücklich darauf, dass

> *„Noch heute... die in Afghanistan übliche Art der Verschleierung mit dem persischen cador nichts gemeinsam (hat) und beide weichen wieder von der Verschleierungsart in Ägypten und Marokko ab.“*[36]

Insgesamt lässt sich feststellen, dass die Auseinandersetzung um den Schleier als Streitgegenstand in den Medien teilweise pauschal geführt wird, wobei deutlich ist, dass von *dem* Schleier schlechthin nicht gesprochen werden kann.

In seiner Erscheinungsform muss er vielmehr differenziert betrachtet werden, was wiederum eine Analyse des sozialen Umfeldes des Herkunftslandes erfordert.

So wie die Bezeichnung des Schleiers charakteristisch für ein Land ist, so ist es auch die Art, wie er in dem Land getragen wird. Er ist das Ergebnis der geographischen, kulturellen und politischen Bedingungen. Religiöse Reglementierungen sorgten zudem für die Verfestigung und „Legitimation“ des Schleiergebots. Worauf sich die historisch-gesellschaftliche Entwicklung der Verschleierungsgewohnheiten letztlich gründet, bleibt noch zu untersuchen.

3. HISTORISCH–GESELLSCHAFTLICHE ENTWICKLUNG DES SCHLEIERS

Die Frage nach der historisch – gesellschaftlichen Entwicklung und Herkunft des Schleiers beinhaltet die Berücksichtigung der Interdependenz von Vergangenheit und Gegenwart.

> *„Wer immer ein Verhältnis zur Geschichte hat, sieht und erlebt das Geschehen der eigenen Zeit im Zusammenhang mit dem, was früher war. Die Gegenwart wird auf die Vergangenheit zurückbezogen und umgekehrt die Vergangenheit von der Gegenwart her beurteilt und, soweit das möglich ist, an ihr gemessen."*[37]

Wer das wechselseitige Verhältnis von Vergangenheit und Gegenwart unberücksichtigt lässt, wird sich der Frage nach dem Ursprung und der Tradition des Schleiers kaum wirklich nähern können.
Im Rahmen einer historisch-gesellschaftlichen Analyse ist der Frage nach der Herkunft des Schleiers und seiner Tradition in den verschiedenen Religionen nachzugehen.
Der Schwerpunkt liegt dabei auf der geschichtlichen Bedeutung des Schleiers im Christentum und Islam.

3.1 Herkunft des Schleiers

In der Fachliteratur zum Schleier besteht Grundkonsens darüber, dass dieser bereits in vielen Ländern der vorislamischen Zeit bekannt war und somit nicht der Islam für die „Erfindung" des Schleiers verantwortlich zu machen ist.
Diese Aussage steht im Widerspruch zu den Massenmedien, die vielfach den Eindruck erwecken, als sei allein der Islam für die „Création" des Schleiers verantwortlich.

Die Islamkenner gehen davon aus, dass die Verschleierung in den christlichen und indischen Einflussgebieten weit verbreitet war, während diese Art der Bekleidung für die Frau im arabischen Raum zunächst unbekannt war.
Nach Simon hat der Schleier vermutlich seinen Ursprung im alten Persien gehabt. Von hier gelangte der persische Tschador über das christliche Syrien nach Arabien. Bemerkenswert sei darüber hinaus, so Simon, dass die Frau sowohl in Byzanz als auch dem altpersischen Reich als äußerst unmoralisch galt.[38]
Worauf sich ihre unmoralische Haltung bezog, bleibt von ihm unbeantwortet. Es lässt sich jedoch vermuten, dass diese Charakterzuschreibung auf der Vorstellung der sexuellen Bedrohung durch die Frau beruhte. Eine Ansicht, die wir im Christentum in der Person der Eva verkörpert finden.
Heller weitet den Ursprungsraum des Schleiers auf den byzantisch-indischen Machtbereich aus, was ihn dazu veranlasst den Schleier als eine *„... byzantisch-indische –Erfindung“*[39] zu bezeichnen.
Die Einflüsse und Vorstellungen der persischen, griechischen und spätbyzantinischen Mythologie trugen erheblich zur Stabilisierung des Schleiergebots bei.
Die patriarchalische Welt sah sich genötigt, der „Unmoral“ der Frau vorzubeugen, indem sie sie veranlasste, einen Schleier zu tragen, sobald sie das Haus verließ. Um ihre Vorgehensweise gegenüber den Frauen zu legitimieren, bedienten sich die Vertreter des Patriarchats der verschiedenen Religionen. Ein Phänomen, das sich nicht nur bei der Schleierfrage beobachten lässt.

3.2 Der Schleier im Hinduismus

Der Hinduismus entstand auf dem indischen Subkontinent und zählt heute mit 83,5 % bzw. ca. 850 Mio. Anhängern zur größten Religionsgemeinschaft Indiens.[40]

Im Gegensatz zum Judentum, Christentum und Islam glaubt der Hinduismus an eine polytheistische Götterwelt. Mit den drei monotheistischen Religionen gemein ist die frauenfeindliche Haltung, die sich in der Geringschätzung und Unterdrückung der Frau manifestiert.

Heiler schreibt dazu:

> *„Die Hochreligionen sind ausgesprochene Männerreligionen in dem Sinne, daß nicht nur die entscheidende Initiative und Schöpferkraft, sondern auch die Leitung der religiösen Organisation in den Händen der Männer liegt.“*[41]

Doch das religiöse Leben wurde nicht immer von den Männern bestimmt.

In der vedischen Zeit (2500 bis 1500 v. Chr.) übte die Inderin zusammen mit dem Mann alle wichtigen häuslichen Zeremonien aus, was sich im Brahmanismus grundlegend änderte. Dieser Zeitabschnitt des Hinduismus brachte ein neues Idealbild der Frau hervor.

> *„Die brahmanische Frau ist das unbedingt gehorchende, unterwürfige, dem Manne dienende Weib… .“*[42]

In der Zeit des Brahmanismus sinkt die Frau zum Sinnbild des Schlechten herab. Sie wird zur gefährlichsten Verführerin des Mannes. In fast allen Religionen findet sich diese Vorstellung, die nach einer präventiven Handlung seitens der Männer zu verlangen scheint. In Indien heißt die Lösung des Problems Zenāna und Purdah. Unter Zenāna werden die gesonderten Frauengemächer verstanden, während Purdah im engeren Sinne den Schleier meint.[43]

Erlbeck geht davon aus, dass sich der Ursprung des Purdah-Systems nicht mehr genau rekonstruieren lässt und betont, dass sich dieses System explizit an die Oberschicht gerichtet habe, da die unteren Schichten aus ökonomischen Gründen nicht in der der Lage waren, sich eine absolute Trennung von Mann und Frau zu leisten.[44]

Heiler versucht eine zeitliche Einordnung:

> *„Die Sitte des Schleiertragens verbreitete sich in der Zeit nach 300 nach Chr. in den königlichen Familien; sie wurde zur allgemeinen Sitte, allerdings nur in wohlhabenden Kreisen, erst in der Zeit der islamischen Herrschaft (um 1200).“*[45]

Den Grund für das Tragen des Schleiers sieht er in dem Nachahmen der Gewohnheiten der islamischen Herrscher und dem Schutz der Frauen vor eventuellen Entführungen.

Im Laufe der Zeit wandelte sich die ursprüngliche Bedeutung des Schleiers. Aus dem Gefühl des Zwangs wurde die Auffassung, mit dem Schleier eine gesellschaftliche Auszeichnung zu tragen.[46]

Das Beispiel für die veränderte Einstellung des Schleiertragens mag noch einmal an die Ausgangsbemerkung zur historischen Interdependenz erinnern.

Berger schreibt in ihrer Dissertation:

> *„Die Art der Prägung sozialer Rollen wird bestimmt durch das gesellschaftliche System, in welchem die Rollenbilder entstehen. Dessen Gestalt wiederum unterliegt dem Einfluß von Raum und Zeit, d.h. sie ändert sich mit der geographischen Umwelt und den geschichtlichen Epochen.“*[47]

War der Schleier zunächst das Zeichen der Zugehörigkeit zur Obrigkeit und deren Privileg, so wurde er später für alle Frauen zugänglich.

Sein Status veränderte sich vom Besonderen zum Allgemeinen und erlebte einen Wandel seines Sinninhaltes.

Was zunächst als Privileg schien, „entpuppte“ sich hernach für die Frauen als Mittel zu ihrer eigenen Unterdrückung und Ausschließung aus dem alltäglichen Leben.
Im Schleier manifestierte sich die Fortsetzung der Mauern der Häuser ihrer Väter, Brüder oder ihres Ehemanns, hinter dem sie ihren Alltag im Dienste ihrer Herren verbrachten. Der Schleier wurde zum sichtbaren Zeichen der Ausschließung aus der Öffentlichkeit, der gewollten Anonymität der Frau.
Purdah, der Schleier, der die gesamte Gestalt verhüllt, tritt uns heute noch im traditionellen indischen Sari entgegen, der in Form des oberen Sari-Endes das Gesicht der Hindu-Frau bedeckt. [48]

3.3 Der Schleier in der christlichen Tradition

Wie beschrieben kann der Schleier im Hinduismus auf eine lange Tradition zurückblicken. Doch wie steht es mit der christlichen Tradition?
Häufig entsteht der Eindruck, als handele es sich bei dem Schleier um ein Kleidungsstück der Frauen in den unterentwickelt gehaltenen Ländern und besonders der islamischen Welt. Dabei wird nur allzu gern übersehen, dass der Einfluss des Schleiers im Christentum bis in unsere unmittelbare Gegenwart reicht. Denken sie doch nur einmal an den Brautschleier unter den sich viele Frauen anlässlich ihrer Eheschließung vor dem Altar begeben oder den Trauerschleier, hinter den sich Frauen anlässlich einer Trauerfeier zurückziehen.
Sicherlich ist der Einwand berechtigt, dass es sich in der westlich-christlichen Welt dabei um ganz andere Gewohnheiten und Ausmaße des Schleiertragens handelt, aber dennoch gibt es Überreste in unserer Kultur, die uns auf die Überlieferungszeit verweisen.

Das Alte und Neue Testament nennt uns zahlreiche Stellen, in denen vom Schleier der Frau die Rede ist.
Bevor die Auswirkung der paulinischen Auffassung näher betrachtet werden, wollen wir uns einigen Stellen im Alten Testament zu wenden.

3.3.1 Der Schleier im Alten Testament

Die Gesellschaft des Alten Testaments wurde in jeder Hinsicht durch das Patriarchat geprägt und bestimmt.
Der Mann alleine vertrat die Familie nach außen, während die Frau sich in der Familie um die Kinder zu kümmern hatte. Sie hatte sich den Geboten ihres Vaters, ihrer Brüder und später denen ihres Mannes, vollkommen zu beugen.
Der Zugang zur Öffentlichkeit blieb ihr in der Männergesellschaft weitgehend verwehrt. Ließ sich ihr Auftreten im außerhäuslichen Bereich jedoch nicht vermeiden, so hatte sie dafür Sorge zu tragen, dass sie mit ihrem Aussehen nicht Aufsehen erregte.
Um letzteres zu vermeiden, hatte sie sich in einen Schleier zu hüllen.
Das Alte Testament einschließlich der Apokryphen erwähnt den Schleier 12mal. Es handelt sich dabei um folgende alttestamentarische Stellen:

1 Mo 24,65; 38,14; 38,19; Hl 4,1; 4,3; 6,7; Jes 3,19; 40,22; 47,2 ; Jer 2,32; Hes 16,10 und Std 1,32 [49]

Aus diesen soll auf jene eingegangen werden, die sich zur Hochzeit und der Prostitution äußern.
Die Ehe spielte im Alten Israel eine gewichtige Rolle, galt sie doch für Mann und Frau als *„heilige Pflicht"*.[50]

Die Mädchen wuchsen mit der Grundeinstellung auf, dass eine Frau, die ohne Mann blieb, ein unvollkommenes Leben in ihrer Familie führte. Die Erziehung der Mädchen erfolgte auf die Erfüllung dieser Pflicht hin. Sie wurde von klein auf an auf ihre künftige Rolle als Ehefrau und Mutter hin erzogen. Bereits früh wurden ihr Aufgaben im Haushalt und bei der Beaufsichtigung kleinerer Geschwister übertragen. Erfüllte sich ihre „Vorsehung" als Gattin und Mutter nicht, so blieben ihr nur ein Jungfrauendasein, geduldet am Rande der eigenen Familie oder aber die Prostitution, außerhalb des Schutzes und der Kontrolle der Familie.

Die Heirat selbst wurde vorrangig durch die ökonomischen Interessen der Familien bestimmt, die sich durch die Vermählung ihrer Kinder zusammenzuschließen gedachten. Eine Zustimmung des Mädchens wurde nur in den seltensten Fällen eingeholt.[51]

Bis zur eigentlichen Hochzeitsfeierlichkeit war ein langer Weg.

Zunächst wurde im Verwandtschafts- bzw. Bekanntenkreis nach einem passenden Partner für die heiratsfähige Tochter Ausschau gehalten. War dieser gefunden, so wurden Absprachen zwischen den betreffenden Familien getroffen, die ihre Besiegelung in der Aushändigung des Brautpreises an den Vater der Braut anlässlich der Verlobung fanden. Erst danach konnten die Hochzeitsfeierlichkeiten stattfinden.

Die Braut nahm an den sich vielfach über mehrere Tage hinziehende Hochzeitsfeierlichkeiten im Kreise ihrer weiblichen Verwandten und Freundinnen teil und trug einen Schleier, der aus einem kleinen Tuch bestand und das Gesicht verhüllte. Erst nach den offiziellen Feierlichkeiten zeigte sich die Frau ihrem Mann unverschleiert.[52]

Im 1Mo 24,65 wird von der Heirat Rebekkas und Isaaks berichtet. Als Isaak eintrifft, verhüllt Rebekka sich vor ihrem zukünftigen Ehemann.

Luther übersetzte diese Begebenheit mit:

„Da nahm sie den Schleier und verhüllte sich.“

Während die Lutherübersetzung von einer allgemeinen Verschleierung spricht, findet sich in der Bibel im heutigen Deutsch[53] eine detaillierte „Beschreibung“:

„... und Rebekka bedeckte ihr Gesicht mit dem Schleier.“

Auch Jer 2,32 macht deutlich, dass es üblich war, dass die Braut den Schleier trug, heißt es doch

„Vergisst wohl eine Jungfrau ihren Schmuck oder eine Braut ihren Schleier?“

Das Hohe Lied erwähnt an drei Stellen die Verschleierung der Braut, es sind die Verse 4,1; 4,3 und 6,7.

HL 4,1 *Deine Augen sind wie Taubenaugen hinter deinem Schleier*

HL 4,3/ HL 6/7 *Deine Schläfen sind hinter deinem Schleier wie eine Scheibe vom Granatapfel.*

In den genannten Stellen des Hohen Lieds, sowohl in der Lutherübersetzung als auch der Bibel in heutigem Deutsch wird auf die Verschleierung des Gesichts verwiesen. Es finden sich keine Hinweise auf eine allgemeine Verschleierung des gesamten Körpers.

Die zitierten Stellen belegen den Schleier als Zeichen der ehrbaren Frau. Das Alte Testament nennt uns daneben Situationen, in den der Schleier nicht als Symbol der anständigen unberührbaren Frau fungierte, sondern den sichtbaren Beweis für ihre „Verderbnis“ bildete.

In Jes. 47,2-3 kündet der Prophet das Gericht über den Sturz Babylon und dessen Sturz an.

„Nimm die Mühle und mahle Mehl, decke auf deinen Schleier! Hebe die Schleppe, entblöße den Schenkel, wate durchs Wasser, 3 daß deine Blöße aufgedeckt und deine Schande gesehen werde!... .“

Gen 38, 14 ff lässt den Schluss zu, dass der Schleier auch als sichtbares Zeichen der Frau galt, die ihren Körper als Prostituierte jeden Mann zum Kauf anbot.

„14 Da legte sie die Witwenkleider von sich, die sie trug, deckte sich mit einem Schleier und verhüllte sich und setzte sich vor das Tor von Enajim an den Weg nach Timn; denn sie hatte gesehen, daß Schela groß geworden war, aber sie wurde ihm nicht zur Frau gegeben. 15 Als Juda sie sah, meinte er, es wäre eine Hure, denn sie hatte ihr Angesicht verdeckt.16 Und er machte sich zu ihr am Wege und sprach: Laß mich doch zu dir kommen; denn er wußte nicht, daß es seine Schwiegertochter war. Sie antwortete: Was willst du mir geben, wenn du zu mir kommst?“

Thamar trägt hier nicht den Schleier als Zeichen einer Braut, sondern als den einer Prostituierten, die vor dem Stadttor sitzt, um auf männliche Kunden zu warten.[54] Sie verhüllt ihr Gesicht, um unerkannt zu bleiben.

Das Alte Testament kennt die gewerbsmäßige Prostitution und redet in ihren älteren Erzählungen auch recht unbefangen darüber, so in 1Mo 38, Jos 2, Richt 16,1. Seit Hosea ändert sich diese Unbefangenheit, wie Hos 1,2 zeigt .[55]

Die genannten Stellen zeigen die Doppeldeutigkeit des Schleiers, symbolisiert er einerseits die schamhafte Braut und andererseits die verwerfliche Prostituierte, die in der Gesellschaft eine Sonderstellung einnahm. Ihnen gemeinsam ist, dass sich die Frauen vor der Männergesellschaft zu verschleiern hat, um nicht ein „öffentliches“ Ärgernis zu erregen. Der Schleier lässt die Frau zu einem geschlechtslosen Wesen werden, von dem keine Gefahr mehr (für die scheinbar labilen, verführbaren Männer) ausgehen kann. Ihren Körper darf sie nur dem Mann zur „Schau“ stellen, der sie entweder heiratet oder sie für ihre „Dienste“ bezahlt.

Somit verstand es die patriarchale Gesellschaft des Alten Testaments die Frau, mit Hilfe des Schleiers „unsichtbar“, außerhalb des politisch-gesellschaftlichen Geschehens zu halten.
War ihr Auftreten unvermeidlich, hatte es zumindest in einer absolut unauffälligen und negierenden Weise zu geschehen.
Der Wunsch, den Körper der Frau zu verschleiern, legt den Verdacht der Angst des Mannes vor dem alles verschlingenden, geheimnisvollen weiblichen Körper und der sexuellen Ausstrahlung der Frau nahe. Von ihr scheint sich der Mann des Alten Testaments bedroht zu fühlen.
Ihre Geschlechtslosigkeit durfte nur im Rahmen der legal geschlossenen und von der Gesellschaft als rechtmäßig anerkannten Ehe aufgehoben werden oder im Falle der bezahlten „Benutzung“ des weiblichen Körpers, der Prostituierten. Nur in diesen Fällen war es der Frau gestattet, ihren Schleier in Gegenwart eines Mannes abzulegen.

3.3.2 Der Schleier im Neuen Testament

Wie steht es nun um die Bedeutung des Schleiers im Neuen Testament, in den Anfängen der jungen christlichen Gemeinden in einer jüdischen hellenistischen Umwelt?
Kaum eine andere Bibelstellen hat auf das Leben und die Stellung der Frau im Christentum einen derartigen Einfluss erfahren, wie der erste Korintherbrief des Apostel Paulus.

3.3.2.1 Die Verschleierung der jüdischen Frau

Die jüdische Gesellschaft war in Form einer streng patriarchalischen Gesellschaftsordnung organisiert, in der der Frau lediglich eine untergeordnete Rolle zu kam, zumindest war eine andere nach Außen nicht sichtbar.
Das patrilineare Gesellschaftssystem forderte von den Frauen den absoluten Gehorsam und ihre Unterordnung unter den Willen der männlichen Vertreter der Familie und in der Gesellschaft im Allgemeinen.
Hatte die Frau in der israelitischen Frühzeit noch aktiv am Kult teilgenommen, so galt sie nun als kultunfähig und unrein. Eine Einstellung, die sich auch in einer veränderten Architektur niederschlug.
Fortan war ihr das Betreten des Tempelbezirks nur durch besondere Eingänge erlaubt, um am Gottesdienst teilnehmen zu können.

> *„Im Tempelbezirk durften die Frauen nur bis in den Frauenhof gehen, und dem Synagogengottesdienst durften sie nur zuhörend folgen, aber nicht aktiv mitwirken.“*[56]

Während ihrer Menstruation hingegen, war ihr selbst der Zutritt zum äußeren Vorhof der Heiden nicht gestattet und sie blieb gänzlich vom Gottesdienst ausgeschlossen.[57]
Gerstenberger/ Schrage begründen die veränderte Stellung der Frau in der nachexilischen Zeit mit der verstärkten Heranziehung des Gedankens, der allmonatlichen Unreinheit der Frau.[58]
Neben den religiösen Rechten waren auch die religiösen Pflichten für die Frauen eingeschränkt. Sie unterlagen nicht, wie die Männer, der Verpflichtung des Thorastudiums. Es war vielmehr verpönt, Frauen in der Thora zu unterrichten. Ebenso war es der Frau untersagt eigene Gelübde abzulegen, so dass ihr das Recht zur Zeugenaussage verwehrt blieb.

Die Vorstellung von der Minderwertigkeit der jüdischen Frau lässt sich anhand des Sprachgebrauchs nachweisen.

Aus der Fülle von Aussagen über die Geringschätzung der Frau seien hier nur zwei angeführt.

In einem der unzähligen Lobsprüche wird Gott vom Gläubigen gedankt, dass er ihn nicht als Frau auf diese Welt hat kommen lassen. Einem Wesen von dem, nach Auffassung der Essener etwas bedrohliches, treuloses auszugehen scheint.

Der Frau wird die Rolle als „wollüstige" Verführerin zugesprochen, die mit Hinterlist und Tücke den Mann vom rechten Weg abzubringen sucht und die „Sünde" in die Welt getragen hat, derentwegen alle Menschen sterben müssen.[59] Heißt es doch in Sir 25, 32

> *„Die Sünde nahm ihren Anfang bei einer Frau, und um ihretwillen müssen wir alle sterben."*

Grundmann teilt die Auslegung Leipoldts, indem er schreibt,

> *„Das alles enthüllt: Die Frau wird wesentlich als Geschlechtswesen gesehen, das auf den Mann verführerisch wirkt."*[60]

Doch was bedeutet das alles für die jüdischen Gesellschaft zur Zeit Jesu?

> *„Was nun die damalige Umwelt, die Umwelt Jesu an langt, so handelt es sich um ein jüdisches Patriarchat, in dem das weibliche nicht nur gering geachtet war...,in dem also eine ausgesprochene Animosität allem Weiblichen gegenüber herrschte. Es handelt sich sogar um ein extremes Patriarchat, in dem die Animosität dem weiblichen Element gegenüber geradezu zum Gesetz der Gesellschaft erhoben war."*[61]

Die kurzen Ausführungen zur Stellung der Frau im Judentum geben Wolff in ihrer Darstellung Recht.

Auf dem Hintergrund der Animosität allem Weiblichen gegenüber, erscheint die Verschleierung der Jüdin nur allzu verständlich, ja ge-

radezu zwingend zu sein.
Den Frauen wurde besonders in den Kreisen der gesetzestreuen Juden ein Leben in der Abgeschlossenheit des Hauses „verordnet". Die Trennung der Frauen und Männer in der inner- und außerhäusliche Sphäre galt als wünschenswert. Speziell in den gehobenen Schichten des Bürgertums der Städte war die Segregation weit verbreitet, da sie über die ökonomischen Mittel verfügten, sich die Segregation überhaupt leisten zu können.
Das Buch Jesus Sirach 42,9 – 14 gibt Aufschluss um die Sorgen und Nöte, die der Vater von Töchtern zu erleiden hat, wohl wissend um die *Schlechtigkeit* der Frauen.

„9 Eine Tochter bereitet dem Vater viele unruhige Nächte, von denen niemand weiß, und die Sorge um sie nimmt ihm den Schlaf: solange sie jung ist, daß sie verblühen könnte, oder wenn sie einen Mann hat, daß er ihrer überdrüssig wird, 10 oder solange sie noch unberührt ist, daß sie verführt und im Haus ihres Vaters schwanger werden könnte: oder wenn sie bei ihrem Mann ist, daß sie sich nicht ordentlich hält oder er kein Kind von ihr haben kann. 11 Wenn deine Tochter nicht auf sich hält, so bewache sie scharf, daß sie dich nicht vor deinen Feinden zum Spott macht und die ganze Stadt von dir redet und du in aller Munde bist und dich vor allen Leuten schämen mußt. – 12 Sieh dich nicht um nach schönen Menschen, und suche nicht die Gesellschaft von Frauen! 13 Denn wie aus den Kleidern Motten kommen, so kommt von Frauen viel Schlechtigkeit. 14 Es ist besser, bei einem großen Mann zu sein als bei einer freundlichen Frau, die einen zu Hohn und Spott macht."

Hier wird in einzigartiger Weise das gesellschaftlich-moralische Bild, der den Mann bedrohenden Frau aufgezeigt.

Die Tochter bereitet dem Vater schlaflose Nächte, weil er sich um die Virginität der Tochter sorgt. Ginge sie verloren, so müsste er befürchten, für sie nicht den angemessenen Brautpreis zu erhalten, ja es wäre sogar wahrscheinlich, dass es gar nicht mehr zu einer Heirat kommen würde, da die Ehre des Mädchens - und damit die der Familie- unabänderlich „befleckt" bliebe.

Da der Frau unterstellt wird, dass von ihr das Schlechte, das Verderben ausgeht, wird sie unter den besonderen Schutz oder anders formuliert, die perfekt Überwachung durch die Familie gestellt. Es wird ihr untersagt, sich außerhalb des Hauses zu bewegen. Die Gefahren, was auch immer sich darunter zu verbergen vermag, die dort in der Männerwelt „lauern", könnten den guten Ruf der jungen Frau zerstören und damit, was noch viel schlimmer ist, den der gesamten Familie.

Keiner der Autoren, die sich zu der Verschleierung und Einschließung der Frau äußern, fragt sich, woher eigentlich die Angst der Männer vor den Frauen kommt? Warum verschleiert sich nicht der Mann, wenn er befürchten muss, ein willenloses Opfer weiblicher Verführungskünste zu werden? Die Logik des Patriarchats hingegen gebietet die Verbannung der Frau aus der außerhäuslichen männerbeherrschten Welt. In den Fällen, wo sich ihr Auftreten in der Öffentlichkeit nicht vermeiden lässt, muss sie den Schleier anlegen, ansonsten bleiben ihr die Frauengemächer.

Jeremias schreibt dazu:

> *„Die Frau gehört im Morgenlande nicht in das öffentliche Leben, das gilt auch für das Judentum der Zeit Jesu, jedenfalls für die Häuser gesetzestreuer Juden. Wenn die jüdische Frau Jerusalems das Haus verließ, war ihr Gesicht durch die Haartracht, zu der zwei Kopftücher ein Stirnband mit bis auf das Kinn herabfallenden Bändern und ein Haarnetz mit Bändern und Schleifen*

gehörten, derart bedeckt, daß die Gesichtszüge nicht kenntlich waren ... ."[62]

Hieraus wird ersichtlich, dass die Trennung der Frau von den Männern der Gesellschaft durchaus üblich war. Besonders in den gehobenen Schichten des städtischen Bürgertums war die Segregation und Verschleierung weit verbreitet.

Neben der Verschleierung etablierte sich die Einrichtung des Harem. Das Wort Harem kommt aus dem arabischen Sprachgebrauch *harim*. Es bedeutet soviel wie „geweihter, unverletzlicher Ort", an dem sich die Frauen aufhalten, die zur Verwandtschaft gehören . Doch nur wenige konnten sich den finanziellen Luxus eines eigenen Frauenwohnbereichs leisten, der die Bewegungsfreiheit der Frau einschränkte.[63]

Je nach Alter und Status fiel die Segregation für Mädchen und Frauen unterschiedlich aus. Unverheiratete unterstanden einer stärkeren Kontrolle als die verheirateten. Vom Eintritt in die Pubertät bis zur Heirat war es der jungen Frau untersagt, das Haus ohne jegliche Begleitung und ohne Schleier zu verlassen. Die Angst vor dem Verlust der Jungfräulichkeit, der Ehre des Mannes und seiner Familie, war viel zu groß. Jeremias folgert daraus, dass *Mann* es am liebsten sah, wenn weder die verheirateten Frauen noch die unverheirateten Töchter und Schwestern überhaupt ausgingen.[64]

„Wir sehen: Die Jerusalemer Jungfrau aus strenggesetzlichen vornehmen Hause pflegte vor ihrer Heirat das Haus möglichst überhaupt nicht zu verlassen, die verheiratete Frau nur mit durch die Haartracht verhülltem Gesicht."[65]

Jeremias spricht hier den Einfluss der Schichtenzugehörigkeit auf das alltägliche Leben der Frau an.

Frauen, die in der Stadt lebten und ihre eigenen Bediensteten hatten, hatten es überhaupt nicht nötig in die Öffentlichkeit zu treten, für sie bestand nicht die ökonomische Notwendigkeit wie etwa für die Frauen der Unterschicht oder die Frauen, die auf dem Land lebten und gezwungen waren, täglich das lebensnotwendige Wasser vom oftmals weit entfernten Brunnen zu holen. So hat sich der Harem auf dem Land nie in dem Maße durchsetzen können wie etwa in der Stadt.

Mädchen und Frauen verrichteten die tägliche Feldarbeit. Auf diese Mithilfe konnten nur die reichen Familien verzichten. Die Frauen trugen in der Regel keinen Schleier, wenn sie auf dem Land arbeiteten, denn er hätte sie in ihrer Bewegungsfreiheit gestört und so griffen sie meistens auf das Kopftuch zurück oder banden den Schleier hoch.

Schleier und Segregation lassen zweierlei Schlüsse zu

1. Beides konnte ein Zeichen für die Strenggläubigkeit und Sittenstrenge des Familienvorstandes sein, der es den Frauen seiner Familie untersagte, das Haus überhaupt zu verlassen oder ohne Schleier in die Öffentlichkeit zu treten.
2. Sie ermöglichen einen Rückschluss auf die Schichtenzugehörigkeit der Frauen, denn nur reiche Familienverbände konnten auf die Arbeitskraft ihrer Frauen verzichten. Sie verfügten über die finanziellen Mittel, Arbeitskräfte einzustellen, die stattdessen die Feld- und Hausarbeit verrichteten.

Ohne Schleier auf die Straßen zu gehen, galt in der Stadt folglich als sittenwidrig, während auf dem Land freiere Verhältnisse herrschten.[66] Hier bestand die ökonomische Notwendigkeit, die Frauen am öffentlichen Leben zu beteiligen, um das Überleben der Familie zu sichern.

Die Reichen, die sich ihre Sittenstrenge leisten konnten, rühmten sich ihrer Frauen, die nie unverschleiert in der Öffentlichkeit erschienen. Die Ausnahme bildete lediglich die Hochzeit. Am Hoch-

zeitstag trat die jungfräuliche Braut, im Gegensatz zur Witwe, unverschleiert auf. Für die Umwelt wurde sichtbar gemacht, dass die hier heiratende, mit Myrte geschmückte Frau, „unbefleckt“ in die Ehe eintrat.[67]
Die Einflüsse des Spätjudentums beschränkten sich nicht allein auf Palästina, sondern wurden im Zuge der Verbreitung des Christentums weit über seine Grenzen hinweg getragen, wie Korinth zeigt.

3.3.2.2 Die Frau im Hellenismus

In der hellenistischen Welt begegneten sich die griechischen, römischen und orientalischen Religionen und beeinflussten sich gegenseitig. Verdrängte matriarchalische Wünsche und Vorstellungen wurden neubelebt, die sich positiv auf die Stellung der Frau auswirkten und ihr im Gegensatz zu ihrer jüdischen Schwester mehr Rechte zusprachen.[68]
Davis nennt die Bereiche der Empfängnisverhütung, Schwangerschaftsunterbrechung, des einseitigen Scheidungsrechts der Frau und die ökonomische Unabhängigkeit vom Mann als gravierende Unterschiede zur Stellung der Jüdin.[69]
Conzelmann und Lindemann bestätigen zwar die von Davis gemachten Ausführungen, geben jedoch zu bedenken,

> *„... daß die Frauen in der Regel von der eigentlichen öffentlichen Betätigung ausgeschlossen waren.“*[70]

Dem widerspricht Moltmann-Wendel, indem sie über die Frau im griechischen Kulturkreis schreibt:

> *„Sie eignete sich Bildung an, reiste allein, konnte Vermögen erwerben, z.B. als Rennstallbesitzerin, Ärztin und Geschäftsfrau Anerkennung finden.“*[71]

Dieses geschah im Rahmen einer Frauenbewegung, die nach Moltmann-Wendel jedoch nicht darüber hinweg täuschen kann, dass die soziale und kulturelle Struktur der hellenistischen Gesellschaft von der Emanzipationsbewegung fast unberührt blieb. Gleichwohl gab es Frauen, die die Priestertätigkeit ausübten. Ein Amt, das für die Jüdin undenkbar gewesen wäre. Conzelmann und Lindemann warnen zu Recht vor einer Verallgemeinerung, die die weibliche Priestertätigkeit als üblich ansehen würde, da es sich bei den Frauen, die als Priesterinnen auftraten um eine Minderheit handelte.[72] Dennoch zeigt sich hier eine liberale Gesellschaft, die durchaus gewillt war, die Frau ins religiöse Leben zu integrieren, womit sie im klaren Gegensatz zum Spätjudentum stand.
Leipoldt ist der einzige, mir bekannte Autor, der die Verschleierung und Segregation der hellenischen Frau beschreibt. Während die Frauen in Athen sich weder auf der Straße, an der Tür oder dem Fenster zeigen durften, lebten ihre Schwestern auf dem Lande verhältnismäßig frei. Für Korinth führt er die Verschleierung der ehrbaren Frau an, da sie ohne den Schleier als Prostituierte angesehen worden wäre.[73]
Von der hohen Stellung der griechischen Frau, wie etwa Moltmann-Wendel, weiß er nicht zu berichten. Hiermit steht er im Widerspruch zu den anderen Autoren, die einhellig bescheinigen, dass der hellenistischen Frau das Los der Segregation erspart blieb und sie sich ohne die scheinbar obligatorische männliche Begleitung in der Öffentlichkeit frei bewegte.
So nimmt es nicht wunder, dass das Urchristentum des jüdischen Kulturraums der griechisch-römischen Kultur zum Teil fremd gegenüber stand und auf deren Miteinbeziehung der Frau in das religiöse Leben mit Unverständnis reagierte.[74]

Die aktive Teilnahme der Frau an den Ereignissen des Gemeindelebens in der Diaspora blieb für viele der Männer und vermutlich auch einiger Frauen in den ersten Christengemeinden nicht ohne Probleme.

3.3.2.3 Paulus und der Schleier

Die Stellung der Frau im Spätjudentum fand in Jesus ihren schärfsten Gegner. In zahlreichen Stellen wird deutlich, wie er sich über die geltenden Normen der Nichtbeachtung, ja der Negierung der Frauen, hinwegsetzte. Er hörte ihnen zu, diskutierte mit ihnen, behandelte sie und lebte mit ihnen. Mit seinem Handeln forderte er die Männer der Gemeinde zum Umdenken auf. Einem Umdenken, das die Integration der Frauen in das Gemeindeleben und die Anerkennung ihrer Fähigkeiten als Ziel hatte.[75]
Welch ein Frevel muss das in den Augen der gesetzestreuen Juden gewesen sein, die die Unterordnung der Frau als gottgewollt sahen? Aus dieser jüdischen Welt mit ihren frauenfeindlichen Traditionen kommt ein Mann namens Paulus, der die neue Glaubensgemeinde der Christen maßgeblich beeinflussen sollte. Eine Beeinflussung, die bis zum heutigen Tag spürbar ist.
Die jungen Gemeinden wandten sich mit ihren unterschiedlichsten Anliegen an ihn, um von ihm in Streitfragen Rat zu erhalten. So auch in der „Schleierfrage", die die korinthische Gemeinde nachhaltig beschäftigte und zu spalten drohte.
Der 1. Korintherbrief entstand um 55 oder 56 n. Chr.. Paulus war der jungen Gemeinde bekannt, da er sich anlässlich eines Besuchs der christlichen Gemeinden in den Jahren 50/51 und 51/52 n. Chr. in Korinth aufgehalten hatte.[76] In diese Zeit fielen die heftigen Auseinan-

dersetzungen innerhalb der korinthischen Gemeinde, die sich in der Frauenbewegung und deren Widerstand gegen die Verschleierung gründeten.

Leipoldt charakterisiert diese Frauenbewegung, die zu Beginn der 50er Jahre in Korinth stattfand, als eine, die

> *„… nicht immer in gesunden Bahnen bleibt: im Bewußtsein der neuen Freiheit, die das Christentum gibt, schreitet die junge Christin über das Ziel hinaus.“*[77]

Hierunter versteht er vornehmlich die asketische Bewegung Korinths, die in der Regel mit der Frauenemanzipation gleichbedeutend ist. Thraede hingegen vertritt die These, dass es sich bei den von Paulus kritisierten Frauen der korinthischen Gemeinde keineswegs um „Enthusiastinnen“ handelt, die ihre neu gewonnene Freiheit im Sinne von Gal 3,28 dadurch zu demonstrieren versuchten, in dem sie von der Norm und Sitte abwichen, sondern um Frauen, die dem hellenistische Modediktat widersprachen, das von älteren Frauen und vornehmlich Judenchristinnen beibehalten wurde, nämlich dem Kopftuchtragen. In den Augen dieser Judenchristinnen und vieler Männern galten Frauen, die sich dem Kopftuchtragen verweigerten, als unschicklich. Um seine Meinung gefragt, stellte sich Paulus auf die Seite derer, die an der jüdischen Tradition festhaltenden Frauen und Männer.

> *„Was er vorbringt, ist anerkanntermaßen weder spezifisch christlich noch auch logisch widerspruchsfrei. Im Rückgriff auf spekulative Schultradition hellenistisch-jüdische Provenienz entwickelt er allein im Blick auf jene Modefrage eine Theologie der Unterordnung; die über den Anlaß nun doch wohl beträchtlich hinausgeht: nur der Mann ist unmittelbar zu Gott und primäres Geschöpf, die Frau sinkt zum „Abglanz“ des Mannes herunter … .“*[78]

Die Parteinahme Paulus für die Befürworter eines „Schleiergebots" für die Frauen in den hellenistischen Gemeinden blieb wie zu erwarten nicht ohne Reaktion.
Zahlreiche hellenistische Frauen nahmen aus Protest weiterhin unverschleiert am Gottesdienst teil, was von den anwesenden Männern nicht ohne Widerstand hingenommen wurde. Es kam zum Briefwechsel zwischen der Gemeinde und Paulus. Ob es sich beim ersten Korintherbrief um eine Schrift des Apostel Paulus handelt, ist umstritten, gleichwohl kann davon ausgegangen werden, dass der Brief aus der paulinischen Schule stammt.[79]
Im 1. Kor 11, 2-16 werden die Frauen eindringlich aufgefordert, sich während des Gebets zu verschleiern und sich an die gottgewollte Hierarchie Mann/ Frau zu halten.

> *„2 Ich lobe euch, daß ihr an mich gedenket in allen Stücken und haltet den Brauch, wie ich ihn euch gegeben habe. 3 Ich lasse euch aber wissen, daß Christus ist eines jeglichen Mannes Haupt; der Mann aber ist des Weibes Haupt; Gott aber ist Christi Haupt. 4 Ein jeglicher Mann, der da betet oder weissagt und hat etwas auf dem Haupt, der schändet sein Haupt. 5 Eine Frau aber, die da betet oder weissagt mit unbedecktem Haupt, die schändet ihr Haupt; denn es ist eben soviel, als wäre sie geschoren. 6 Will sie sich nicht bedecken, so schneide man ihr auch das Haar ab. Nun es aber einer Frau übel steht, daß sie das Haar abgeschnitten habe oder geschoren sei, so lasset sie das Haupt bedecken. 7 Der Mann aber soll das Haupt nicht bedecken, denn er ist Gottes Bild und Abglanz; die Frau aber ist des Mannes Abglanz.8 Denn der Mann ist nicht vom Weibe, sondern das Weib ist vom Manne. 9 Und der Mann ist nicht geschaffen um des Weibes willen, sondern das Weib um des Mannes willen. 10*

Darum soll die Frau eine Macht auf dem Haupte haben um der Engel willen. 11 Doch ist weder das Weib etwas ohne den Mann, noch der Mann ohne das Weib in dem Herrn; 12 denn wie das Weib von dem Manne, so kommt auch der Mann durch das Weib; aber alles von Gott. 13 Urteilt bei euch selbst, ob es sich ziemt, daß eine Frau unbedeckt vor Gott bete. 14 Lehrt euch nicht auch die Natur selbst, daß es einem Manne eine Unehre ist, so er langes Haar trägt, 15 aber der Frau eine Ehre, so sie langes Haar hat? Das Haar ist ihr zum Schleier gegeben. 16 Ist aber jemand unter euch, der Lust hat, darüber zu zanken, der wisse, daß wir solchen Brauch nicht haben, die Gemeinden Gottes auch nicht."

In dem Brief wird das patriarchalische System, das den Frauen nur begrenzte Freiheiten zu billigte, in keinerlei Weise in Zweifel gezogen, sondern im jüdischen Verständnis bestätigt.

Paulus hat nach Daly, „*Die Saat der Emanzipation in der christlichen Botschaft ...*" nicht verstanden, sondern in eine frauenfeindliche Haltung verkehrt, die seiner Herkunft und Tradition entsprach.[80]

Paulus gehörte zwei geistigen Kulturkreisen an, dem jüdischen und dem griechischen. Sein Denken war von der Spannung zwischen der fortschrittlich-hellenistischen und reaktionär-jüdischen Denkweise geprägt. Obwohl Paulus die weiblichen Mitarbeiterinnen in den Gemeinden schätzte und akzeptierte, überwog in Konfliktfällen die

> „*... konservativ hellenistisch-jüdische Tradition, die die Frau in eine feste Ordnung zurückwies ... .*"[81]

Wendland schreibt zur „Begreifbarkeit" des Christen Paulus, dass dieser

> „*... nicht nur geborener Jude, sondern auch als Christ mit einer Seite seines Wesens nur vom Judentum aus zu begreifen...*" sei.[82]

Paulus wusste um die Notwendigkeit der Freiheit des Christentums von den Schranken des Gesetzes und blieb doch in seiner jüdischen Anschauung verhaftet.

„Die frauenfeindliche Einstellung des Paulus hatte ihre Wurzeln in seiner jüdischen Vergangenheit. Das rabbinische und pharisäische Vorurteil gegen die Frauen kam aus seiner Schulung durch den Pharisäer Gamaliel.“[83]

Auf diesem Hintergrund sind seine Vorschriften gegen die Frauen zu verstehen. Vorschriften, *„... die oft dazu benutzt wurden, die Frauen zu unterdrücken.“* [84]

Das widersprüchliche Handeln des Apostel Paulus, das einerseits Gleichberechtigung und andererseits Unterordnung und Verschleierung forderte, ist nach Faxon das Ergebnis der kulturellen Bedingungen, in der der Apostel lebte. Sie vermutet zudem hinter dem zwanghaft konstruierten Schleiergebot die Angst Paulus, in der heidnischen Welt mit seiner jungen christlichen Gemeinde zum Gespött werden zu können, wenn den Frauen ihrer Gemeinden zuviel Freiheiten zu gestanden würde.

Doch lässt sich aus dem 1. Kor 11, 2 – 16 ein für alle Frauen verbindliches Schleiergebot ableiten? Schüssler stellt das in Frage.

„Die Exegese dieser Texte wird erst recht behindert durch die apologetische theologische Kontroverse, die sich um sie dreht. Seit Beginn der Frauenbewegung werden diese Paulusstellen gegen die Forderungen der Frauen nach Gleichberechtigung verwendet.“[85]

Schüssler verweist auf Feministinnen, die den Standpunkt vertreten, dass sich bei Paulus und dem frühen Christentum bereits Sexismus nachweisen lässt, der letztlich zu einer patriarchalischen Theologie führte, deren Auswirkungen bis in unsere Gegenwart zu spüren ist. [86]

In diesem Zusammenhang sind auch die Bemerkungen von Thyen zu verstehen.

„Die Frage, ob die Frauen von Korinth im Gottesdienst Kopftücher tragen sollen oder nicht, könnten wir als kulturgeschichtlich vielleicht interessantes doch für unseren Zusammenhang belangloses modisches Detail auf sich beruhen lassen, wenn Paulus sie nicht mit Argumenten belastet hätte, die mit ihrem theologischen Gewicht seinen Rezipienten jahrhundertelang und noch bis in unsere Gegenwart der Diskriminierung der Frauen dienen soll ten.“[87]

Der 1. Kor 11,2 – 16, bei dem es sich um den Wortgottesdienst handelt, widmet sich speziell der Kopfbedeckung der Frau im Gottesdienst. Paulus führt für seine Anordnungen kosmologische und anthropologische Gründe an. Conzelmann findet hierin einen Teil der paulinischen *„esoterischen Weisheit“*, seiner *„hellenistisch-jüdischen Voraussetzungen“* sowie seines *„weltanschaulichen Materials“* wieder. Daher vermutet er, dass es sich um eine „*Schuldiskussion*“ handelt, die dort diskutiert, skizziert und eventuell verfasst worden ist. In Vers 2 erinnert Paulus an seine Amtsführung bzw. Lehre, die sich als in die Tradition eingebunden versteht. Conzelmann stellt die Vermutung an, dass Paulus den Begriff *„Welt“* in eine weibliche und männliche Menschheit differenziert, wobei es auf die Unterordnung der Frau hinausläuft, die ihre Aufhebung nur in der Person Christi finden kann. Die Frage, die Conzelmann sich zu Recht stellt, lautet:

„Fordert Paulus hier einfach das Einhalten der griechischen Sitte, oder will er in Korinth eine neue, nämlich die jüdische Sitte einführen?“[88]

Die Antwort bleibt offen mit dem Hinweis, dass die jüdische Sitte von der Frau verlangte, in der Öffentlichkeit mit bedecktem Kopf aufzutreten. Er sieht darin eine Anlehnung an den 3 Makk 4,6, in dem vom schändlichen Verhalten des entblößten Kopfes der Frau gesprochen wird. Conzelmann gibt zu bedenken, dass die griechische Haartracht zur Zeit Paulus nicht mehr eindeutig bestimmt werden kann, da sie einem ständigen Wechsel der Mode unterworfen war. Im orientalischen Tarsus, dem Geburtsort Paulus, galt hingegen die allgemeingültige Verschleierung.

Conzelmann teilt mit anderen die Auffassung, dass sich Paulus hier ausdrücklich gegen die Emanzipationsbewegung der Frauen richtet, da er die jüdische Sitte zu seinem Ausgangspunkt wählt.

Bleiben die Fragen, warum die Frau und nicht der Mann das Haupt schändet, wenn der Schleier nicht getragen bzw. getragen wird und wie es zu der Gleichsetzung mit der Geschorenen kommen kann?

In Dtn 21,12 ist der geschorene Kopf das Zeichen der Schande. Darüber hinaus gibt es Interpretationen, die vom Symbol der Kurtisane und der Trauer sprechen.

In Vers 7 sieht Conzelmann eine Verbindung zu Gen 1,27 die Paulus gezogen hat. Conzelmann bezweifelt die Richtigkeit des Transfers und befürwortet eine Gleichsetzung von Oberhaupt und Kopf. Hier kommt die Urbild - Abbild Beziehung des jüdischen Denkens zum Tragen. Der Frau wird eine abgeleitete Ebenbildlichkeit zugestanden, was wiederum im Gegensatz zu Gen 1,26 f. steht. Während Vers 8 und 9 auf Gen 2,22 und 2,18, dem Schöpfungsbericht zurückgehen, deutet sich in Vers 10 die Konsequenz für die Frau an. Sie muss den Schleier anlegen, weil die Ordnung der Schöpfung es so gebietet. Als Sinnbild für eine schwache Person benötigt die Frau einen besonderen Schutz vor den Dämonen. Conzelmann führt dies auf die Vorstellung zurück, dass die Dämonen Adam nichts anhaben konnten, solange er die Gottesebenbildlichkeit besaß. Im Judentum ist die Ebenbildlichkeit mit der Herrscherstellung des Menschen in der Welt verknüpft. Demnach rührt die Schwäche der Frau nicht von ihrer Rolle als Verführerin im Paradies, sondern von ihrer Stellung im Kosmos.[89]

Auf Grund dieser Überlegungen kommt Conzelmann zu der Schlussfolgerung, dass der Schleier *„... als Ersatz für die natürliche Schwäche der Frau (metaphysisch gesprochen: wegen ihrer nur abgeleiteten Ebenbildlichkeit) gegen kosmische Macht"* fungiert.[90]

In den Versen 11 und 12 findet nach Conzelmann ein „Rückzug" aus der Diskussion statt, zumal sie im Widerspruch zu Vers 8 und 12 stehen. Im Judentum kommt dem jedoch eine andere Bedeutung zu, denn

> *„Im Judentum bedeutet dieser Satz nicht eine allgemeine Wesensbestimmung der Frau. Er kann unbeschadet der grundsätzlichen Unterordnung derselben gesagt werden."*[91]

In Vers 13 findet sich ein Appell an das eigene Urteilsvermögen. Paulus setzt voraus, dass die Christen und Christinnen wissen, wie sie sich zu verhalten haben. Vers 14 bewertet Conzelmann als ein beiläufiges Argument seitens des Apostels, denn die Beweisführung für die Haarlänge erscheint nicht schlüssig. Vielmehr plädiert er dafür, dass die Frau auf eine zusätzliche Bedeckung verzichten kann, wenn sie von Natur her bereits langes Haar hat, womit genügend Schutz gegeben wäre.

Der letzte Vers zeigt, dass Paulus sich seiner Argumentation selbst nicht sicher zu sein scheint, da er sich auf die gemeinsame Handhabung aller „Gemeinden Gottes" beruft.

Conzelmann gesteht Paulus zu, dass er nicht für die Erfindung dieser Sitte des Schleiertragens verantwortlich ist, gibt aber zu Bedenken, ob Paulus hier nicht versucht habe diese Sitte einzuführen. Insgesamt sieht er die Tendenz, dass Paulus darum rang, nicht neue Sitten einzuführen, sondern die alten beizubehalten, da er von einer Einheit von Kirche und Sitte ausgeht. Mit dem gebotenen Vorbehalt versucht der Autor aus dem Vers 16 eine Rekonstruktion der korinthischen Verhältnisse abzuleiten. Danach galt in Korinth die Sitte der Kopfbedeckung, wer aber dafür verantwortlich zu machen ist, vermag Conzelmann nicht zu sagen. Seine Exegese wirkt an dieser Stelle wenig überzeugend, wenn er die Auffassung vertritt, dass Paulus die Forderung nach dem Schleier weder postuliert noch forciert, sondern sich lediglich nach der bereits vorhandenen Sitte ausgerichtet habe.[91]

Einen ähnlichen Ansatz wie Conzelmann vertritt Schmithals, indem dieser darauf verweist, dass es sich bei der Kopfbedeckung um einen festen Bestandteil der religiösen Zeremonien des Orients bzw. Judentums handelt, während sie in Griechenland hingegen unüblich war. Vers 16 macht deutlich,

> *„... daß diese ungriechische Sitte in allen griechischen Gemeinden des Paulus, und damit gewiß seit ihrer Gründung durch ihn, selbstverständlich war und auf keinen Widerstand stieß. Korinth kann dann keine Ausnahme gemacht haben. Vielmehr wird neuerdings in Korinth von streitsüchtigen Personen (V16) der Versuch gemacht, die bisher übliche Observanz abzuschaffen, und Paulus kämpft für deren Beibehaltung.“*[92]

Schmithals verkennt hier zwei Punkte. Erstens geht er davon aus, dass die Sitte des Schleiertragens auf keinen Widerstand stieß, was äußerst unwahrscheinlich erscheint, denn ansonsten hätte Paulus sich nicht damit in seinem Brief auseinander gesetzt. Zweitens postuliert er für Korinth „*keine Ausnahme*“, ohne dieses zu belegen.

Die Frauenbewegung, die aus Korinth dokumentiert ist, war eine lokale Erscheinung, die nicht ganz Griechenland erfasste. Der Autor stellt sich auf die Seite des Apostels und unterstellt Paulus in der Schleierfrage eine sachliche Argumentation, deren Ziel es ist, dem Widerstand der Frauen gegen den Schleier zu begegnen, ganz gemäß dem Motto: Widerstandslose Akzeptanz ist erwünscht. Andererseits sieht er durch die Hierarchisierung Gott – Christus – Mann – Frau keinen Beleg für eine Verschleierung gegeben. Zwar nimmt Paulus die Konstellation der Geschlechter in Vers 11f zurück, bleibt in Vers 10 jedoch bei dem vermeintlichen Grund für die Verschleierung der Frau. Schmithals glaubt nicht an eine Verschleierung, die sich auf einer Angst vor einer dämonischen Bedrohung gründet, was eine *„unevangelische Gesetzlichkeit"* darstellen würde. Zwar bestätigt er, dass den Gnostikern der ursprüngliche Schutz vor Dämonen bekannt war und der dem Schleier zugesprochen wurde, andererseits stellt er fest, dass für Pneumatiker der Schutz durch einen Schleier unnötig schien.

Da an keiner weiteren Stelle der Paulusbriefe auf das Problem erneut eingegangen wird, nimmt Schmithals an,

> *„… daß mit den Ausführungen des Apostels für die ihm anhängende Gemeinde das Problem dahingehend entschieden war, daß die Frauen auch weiterhin im Gottesdienst ihre Kopfbedeckung trugen."* [93]

Schmithals stellt hier die These auf, dass mit den Äußerungen des Apostels die Auseinandersetzungen um die Kopfbedeckung der Frauen in der Gemeinde beendet waren.

Das erscheint äußerst fraglich, da es sich um einen sehr heftigen Streit handelte, der selbst die Einheit der Gemeinde zu bedrohen schien.[94]

Im 1. Korinther wird die Angst des Apostel Paulus vor den feministischen Sitten innerhalb der Gemeinde spürbar. Sitten, auf die er mit Abwehr reagierte und was ihn nach Moltmann-Wendel dazu bewog, sich auf Sitte, Gesetz und Ordnung zurückzuziehen.[95]

Doch wie steht es um die „paulinische" Hierarchie, in der der Mann über der Frau steht?

Leipoldt bezweifelt, dass es Paulus um die Festlegung einer solchen

Ordnung gegangen sei, vielmehr habe Paulus die außergewöhnliche Mittlerstellung Christi betont und angestrebt. Es sei ihm um den besonderen Status Christi gegangen und nicht um die Abwertung der Frau.[96]

Thyen verweist zu recht auf die völlig überzogenen Ausführungen des 1. Korintherbriefs, bezüglich der „Hierarchie" Mann – Frau.[97] Ausführungen, die ungeahnte Auswirkungen auf die Rolle der Frau in der jungen Gemeinde und späteren christlichen Kirche nehmen sollten. Zudem war der Streit in der korinthischen Gemeinde nicht um die Stellung Christi entbrannt, sondern um die Forderung der Frau, nicht länger den Schleier tragen zu müssen.

Anders als Schmithals führt Leipoldt das Schleiergebot auf seine ursprüngliche Bedeutung als Schutz gegenüber bösen Geistern zurück. Er betont, dass die Menschen zur Zeit des Apostels verstärkt daran glaubten, dass die Frau unter einen besonderen Schutz zu stellen seien. Der Schleier als zusätzliche Macht sollte so die Frau vor bösen Einflüssen schützen.

Thyen schließt aus den Ausführungen Paulus, dass dieser die Analogie zu Gen. 6,1 - 4 gezogen habe.

In Gen. 6, 1 - 4 wird die Verführung der Engel durch die Frauen beschrieben.

> *„Als aber die Menschen sich zu mehren begannen auf Erden und ihnen Töchter geboren wurden, 2 da sahen die Gottessöhne, wie schön die Töchter der Menschen waren, und nahmen sie zu Frauen, welche sie wollten. 3 Da sprach der Herr: Mein Geist soll nicht immerdar im Menschen walten, denn auch der Mensch ist Fleisch. Ich will ihm als Lebenszeit geben hundertundzwanzig Jahre. 4 Zu der Zeit und auch später noch, als die Gottessöhne zu den Töchtern der Menschen eingingen und sie ihnen Kinder*

gebaren, wurden daraus die Riesen auf Erden. Das sind die Helden der Vorzeit, die hochberühmten.“

Er versucht den Gedankengängen des Apostels zu folgen, indem er der Spur der „Minderwertigkeit“ der Frau nachgeht. Die Frau als große Verführerin, der ewigen Eva, hat von jeher in der Bibel und den Vorstellungen einer männerbeherrschten Welt eine lange Tradition.

Feministische Theologinnen wie Daly stellten sich die Frage, warum Eva für ihre Aktivität, ihr Ringen um Erkenntnis bestraft wurde, anstatt dass „Mann“ sie dafür belohnte?[98]

Die Sichtweise, dass Evas eigenständige Handlung, ihr Ringen um Erkenntnis negativ aufzufassen ist, entspricht einer patriarchalischen Interpretation, der ein passives, dem Mann untergeordnetes Frauenbild zugrunde liegt und die dem Mann den alleinigen Zugang zur Aktivität, Wahrheit und letztlich der allumfassenden Macht zuspricht.

Um die Frau bzw. ihre Umwelt vor deren „Verführungskünsten“ wirkungsvoller als bisher schützen zu können, dient der Schleier als „effektives“ Mittel. Er hat die Aufgabe, die Minderwertigkeit der Frau aufzuheben, so die Meinung der herrschenden Männer. Als Abglanz des Mannes muss die Frau nach paulinischem Verständnis einen doppelten Schutz erhalten, da sie unvollkommen ist. Die Macht Schleier soll den ungleichen Zustand annähernd revidieren und sich erfolgreich den magischen Kräften widersetzen, die die Frau ständig umgeben und zu verführen suchen.[99]

Thyen vermutet, dass Paulus am Ende seines Briefes sehr wohl gemerkt hat, dass seine Argumentationskette nicht schlüssig ist. Daher schwächt er in den Versen 11 und 12 seine „Beweisführung“ ab, indem er die Schleierfrage als streitunwürdig deklariert.

Trotzdem kann diese Abschwächung nicht darüber hinwegtäuschen,

dass der Schleier für die Frau *„... ein Zeichen ihrer Niedrigkeit"* darstellt, das nach Deschner wohl kaum als Ausdruck von Gleichberechtigung gewertet werden kann.[100]
Eine Meinung, die Delling teilt, indem er im Schleier die an die Frau gerichtete Aufforderung sieht, sich wegen ihrer in die Welt gebrachte Sünde zu schämen.[101]
Das ewig lockende Weib mit all seinen Verführungskünsten, die Bedrohung für den vermeintlich starken (oder doch eher schwachen ?) Mann bedarf des Schleiers, der Kontrolle und Unterordnung, um nicht länger ihr schändliches Spiel in der Gemeinde treiben zu können.
Eine Auffassung, die bis heute in Teilen der christlichen Kirchen nachwirkt.

3.3.2.3.1 Auswirkungen der paulinischen Auffassung

Die Vorstellungen des Apostel Paulus haben in allen Geschichtspochen ihre Spuren hinterlassen wie sich z.B. anhand der Ansichten des Kirchenschriftstellers Tertullians zeigt.
Quintus Septimius Florens Tertullianus oder kurz Tertullian lebte um 160 - 220 n. Chr. und war ein bedeutender, aber auch umstrittener frühchristlicher karthagischer Kirchenschriftsteller, der in Latein schrieb und ab ca. 190 n.Chr. in Rom lebte. Tertullian nahm großen Einfluss auf die altchristliche Theologie, Ethik und den lateinischen Sprachstil. Am Ende seines Lebens galt er als Vertreter des häretischen Mantanimus.[102]
In seinen Ausführungen zu Tertullian beschreibt Heiler, wie Delling, den Einfluss, den Paulus auf dessen Frauenbild genommen hat.
Tertullian beruft sich wie Paulus auf 1. Mo 6,4, um die Frau als Ver-

führerin zu klassifizieren, da sie sowohl den Mann als auch die Engel betört hat.

Hatte Paulus versucht, den korinthischen Frauen die jüdische Sitte des Schleiertragens aufzuzwingen, so geht Tertullian

> „… *noch einen Schritt weiter: nicht nur zum Schutz gegen die Engel ist das Schleiertragen, sondern Ausdruck der Scham angesichts der Verführung der Engel durch die weiblichen Reize.*“[103]

Die Aussagen Paulus relativierend schreibt Heiler:

> „*So manches hat Paulus gelehrt, was niemand als gültig für alle Zeiten annimmt, sondern als zeitgeschichtlich bedingt erklärt: seine Begründung der Verschleierung der Frau als eines magischen Schutzes gegen die Engel nimmt heute niemand mehr in Anspruch.*“[104]

Sicherlich spricht heute niemand mehr von einem magischen Schutz den Frauen benötigen, dennoch gibt es zahlreiche Kirchen, die von ihren Besucherinnen verlangen, dass sie ihre Haare bedecken, sobald sie das Gotteshaus betreten.

In der anglikanischen Kirche wurde lange Zeit peinlichst darauf geachtet, dass Frauen diesem Gebot nachkamen und in vielen ländlichen Gebieten Europas tragen auch heute im 21. Jahrhundert, vorwiegend ältere Frauen einen Hut oder ein Kopftuch, wenn sie die Kirche aufsuchen.

In den meisten Mittelmeerländern braucht es nicht immer ein richtiger Schleier zu sein, ein Hut oder ein Taschentuch erfüllen ebenso seinen Zweck. Hauptsache bedeckt.

In Deutschland erlebte das Kopftuch beim Gottesdienstbesuch durch den Zuzug der Aussiedlerinnen aus den ehemaligen sowjetischen Republiken vielerorts eine Renaissance. Ebenso das Kopftuch vieler Migrantinnen, das aus dem Straßenbild nicht mehr wegzudenken ist und das gilt nicht mehr nur für Kreuzberg.

Ob Braut- oder Trauerschleier, Kopftuch als modisches Accessoire oder religiöses Symbol, sie alle sind Relikt einer zweitausendjährigen Tradition. Einer Tradition, die unseren Alltag mehr oder minder stark prägt und deren Ende nicht abzusehen ist.
Und so nimmt es nicht wunder, dass keine Frau, wo immer sie auch herkommt und welche Position sie im weltlichen Leben bekleidet, niemals die Audienz beim Papst im Vatikan ohne ein Kopftuch wahrnehmen wird, selbst dann wenn sie Außenministerin einer Weltmacht oder eine protestantische Bundeskanzlerin sein mag.

3.3.2.3.2 Christlichen Frauenorden

Eine Besonderheit bildet der Schleier der Frauenorden in den vorreformatorischen christlichen Kirchen, also den katholischen, orthodoxen und orientalischen im Gegensatz zu den evangelischen, reformierten, altkatholischen und sonstigen Kirchen.
Für die vorreformatorischen christlichen Kirchen, die zwar das Weihesakrament kennen, jedoch die Frauenordination ablehnen, gehört die Ordensschwester ausdrücklich nicht zum Klerus. Dieser Ausschluss verwehrt der Frau bis heute den Weg zur Lehre und dem Priesteramt.[105]
Mit dem lebenslangen Eintritt in eine Ordensgemeinschaft dieser Kirchen ist neben dem Gelöbnis der Armut, Ehelosigkeit, Keuschheit, dem Gehorsam und Leben in Gemeinschaft, die Ordenstracht zu nennen, die ihren Trägerinnen Haltung verleihen soll.
Die allgemein verbreitete Ordenstracht, der Habit kennt verschiedene Farben, Formen und Schleier. Lediglich eine Minderheit katholischer Frauenorden verzichtet zugunsten weltlicher Kleidung auf diese Tracht.

Der Schleier kann je nach Orden sehr unterschiedlich sein. Er reicht von der völligen Bedeckung des Haares und Halses bis hin zum auf den sichtbaren Haaren lose aufgesteckten Schleier.
Die Klarissin z.B. trägt über ihrem Ordenskleid ein Skapulier, ein Schulterkleid (lat. Scapularium) ein Brusttuch und einen Schleier. Auch die Orden wie Unsere Lieben Frauen, Franziskanerinnen, Krankenschwestern des hl. Franziskus und Zisterzienserinnen, die vorwiegend in sozialpflegerischen bzw. –pädagogischen Berufen arbeiten, zählen den Schleier zu ihrer Ordenstracht. Während die Klarissin ihre Haare gänzlich unter dem Schleier verbirgt, tragen z.B. die Franziskanerinnen ihn aufs sichtbare Haar aufgesteckt.[106]
Darüber hinaus lässt sich vielfach an der Farbe des Schleiers die Länge der Zugehörigkeit zum Orden ablesen. Bei Novizinnen ist er zumeist weiß und nach dem zeitlichen oder ewigen Ordensgelöbnis, der Profess, schwarz. Ein Akt, der umgangssprachlich mit: *„Sie nimmt den Schleier“* umschrieben wird.
Hier schlägt sich das paulinische Schleiergebot nieder.
Durch ihre besondere Kleidung, die ihre Wurzel in der paulinischen Stellungnahme zum Streit in der korinthischen Gemeinde in den 50er Jahren hat, werden sie für Außenstehende kenntlich, als Frauen, die den Schleier angelegt haben, um den Menschen zu helfen. Ihre Tätigkeit vollzieht sich in der Regel an der Basis, da ihnen der Zugang zu höheren Positionen versagt ist. Bis zum heutigen Tag fällt der römisch-katholischen Kirche die Diskussion um die Lehrstuhlbesetzung von Theologinnen an Hochschulen schwer, ganz zu schweigen von deren Zulassung zum Priesteramt und dem Zugang zum höchsten Amt der katholischen Kirche, dem des Papstes, dem Stellvertreter Christi auf Erden.
Davis sieht hierin eine unrühmliche Haltung der Kirche.

„Für jene, die dem Mythos zustimmen, die Kirche habe die Stel-

lung der Frauen verbessert, mag es wie eine verwirrende Erleuchtung vorkommen, dass es im Gegenteil die christliche Kirche selbst war, die den bitteren Feldzug zur Erniedrigung und Versklavung der Frauen Europas begann und fortsetzte.“[107]

Für die Frau im Christentum hat sich die Tradition des Apostels Paulus, im Gegensatz zu der Jesu, weitgehend negativ auf ihre Stellung, nicht nur innerhalb der Kirche, ausgewirkt.

„Die Kirche hat den Fehler gemacht, die Lebensregeln und Ermahnungen des Paulus zu Gesetzen für jede Zeit und Kultur gemacht zu haben.“[108]

Die Worte des Paulus führten nicht nur in der katholischen, sondern zunächst auch in der evangelischen Kirche zu einem Festhalten an der Überordnung des Mannes über die Frau, die Barth noch 1951 als „göttliche Ordnung“ bezeichnete.[109] Eine Auffassung, die zum Glück überwunden ist. Heute steht allen evangelischen Theologinnen der Weg in alle Ämter ihrer Kirche, in der Nachfolge Jesu offen. Der Schleier ist nur das sichtbare Zeichen einer unterprivilegierten Stellung der Frau im Christentum. Diese zu beseitigen und sich eine gleichberechtigte Stellung innerhalb der noch „herrschenden Männerkirche“ zu erkämpfen, wird das Ziel all derer sein, die sich an das Verhalten und den Umgang Jesu mit Frauen erinnern und sich seinem Gebot verpflichtet wissen. Einem Gebot, das sich dem Menschen verpflichtet weiß.

3.4 Der Schleier im Islam

In den heutigen Diskussionen, um die Stellung der Frau in den Ländern der so genannten Dritten und insbesondere der islamischen Welt, wird stets auf den Schleier als den „Stein des Anstoßes“ ver-

wiesen. Dabei wird verkannt, dass dieses uralte Kleidungsstück auf eine jahrtausendlange Tradition in vielen Kulturen und Regionen wie dem Hinduismus, dem Judentum und Christentum zurückblicken kann. Eine Tradition, die kaum für Befreiung und Gleichberechtigung stand.
Zur Geschichte von Frauen zählt die Tradition der Benachteiligung und Unterdrückung, die wohl kaum allein dem Islam vorbehalten ist. Lange vor dem Auftreten Mohammeds gehörte die Diskriminierung zum Leben von Frauen.

> *„Der Islamkenner Ignaz Goldziher hat festgestellt, daß diese Herabsetzung der Frau zum Teil auf christlichen Einflüssen beruht.“*[110]

Dass der Schleier nicht an die islamische Religion gebunden ist, sondern eine allgemein verbreitete Erscheinung ist, geht aus den Berichten Woodsmall hervor, die in den 30er Jahren des letzten Jahrhunderts in Ägypten die Beobachtung machte, dass die dort lebenden Christinnen ebenso selbstverständlich den Schleier trugen wie ihre muslimischen Schwestern. Für dieses Phänomen nennt sie zwei triftige Gründe:

> *„... zum Teil aus dem Bedürfnis nach Schutz und zum Teil aus der natürlichen Tendenz der Minderheit, die Mehrheit nachzuahmen.“*[111]

Der Schleier hat in der islamischen Welt, wie in allen Kulturen und Religionen, verschiedene Formen und Bedeutungen im Laufe seiner Geschichte eingenommen.
Sie gehen einher mit der mehr oder weniger stark ausgeprägten Trennung der Geschlechter im öffentlichen, religiösen und Teilbereichen des privaten Lebens, um der vermeintlichen Unmoral und Entehrung der Frau in einer von Männern dominierten Welt vorzubeugen.

3.4.1 Arabien in vorislamischer Zeit

Die arabische Halbinsel befand sich im Altertum, bedingt durch seine Besonderheit als Wüsten- und Steppenland, in einer Isolation. Die Kontakte zu anderen Kulturländer der Zeit waren nur spärlich. Paret formuliert die Abgeschiedenheit der arabischen Halbinsel wie folgt:

> *„Das kulturelle und im Besonderen das religiöse Geschehen bewegte sich in der Hauptsache ebenso wie das politische an Arabien vorbei."*[112]

Nur wenige Karawanenstraßen führten in das Landesinnere. Der Handel beschränkte sich auf die Randgebiete der arabischen Halbinsel, deren Knotenpunkte Mekka und Medina waren.[113]

Mekka spielte zur Zeit Mohammeds eine nicht unerhebliche Rolle, da sich hier ein Zentrum herausbildete, in dem sich Menschen aus allen Teilen der benachbarten Länder trafen, um einen regen Kulturaustausch zu führen. Neben philosophischen Fragen wurden vor allem auch religiöse Vorstellungen der „alten Kulturländer" diskutiert.[114]

So gelangten mit den Karawanen, die aus Byzanz, Persien, Irak, Palästina und Syrien nach Mekka kamen, um dort Handel zu treiben, auch fremdes Gedankengut, Traditionen und religiöse Vorstellungen in dieses Gebiet.

Die jüdischen Kolonien, die sich in der Nähe Mekkas befanden, übten einen starken Einfluss auf das kulturelle Leben Mekkas aus, zumal das arabische Judentum auf eine lange Tradition zurückblicken konnte. Seit dem 1. Jahrhundert n. Chr. ist der jüdische Einfluss in Arabien nachweisbar. Seine Lebensweise hatte sich zwar der beduinisch-arabischen angenährt, doch durch das Bewusstsein der Zugehörigkeit zum jüdischen Volk und dessen Religion hob es sich von der arabischen Gesellschaft ab.[115]

Da es mit der arabischen Gesellschaft die patriarchalischen Strukturen teilte, liegt es nahe, das es seine Tradition hinsichtlich der Stellung der Frau in der jüdischen Gemeinde, die arabisch-beduinische Gesellschaft und deren Frauenbild beeinflusste. So verwundert es nicht, dass sich zahlreiche Parallelen in Bezug auf die Behandlung der Frau im Judentum und Islam ziehen lassen. In beiden Religionen haben sich die Frauen während des Gottesdienstes auf einer Empore oder getrennt von den Männern aufzuhalten. In beiden sind sie nicht berechtigt, Lesungen vorzunehmen. Auch in den Ehegesetzen lassen sich viele Vergleiche benennen. Peter Meinhold verweist neben den Einfluss des Judentums auf den der arabischen Stammesreligionen.[116]

Ob allerdings der Schleier auf die jüdische Tradition in der Nähe Mekkas zurückgeht, lässt sich nicht eindeutig feststellen.

3.4.2 Der Schleier im vorislamischen Arabien

Noch heute wird die vorislamische Zeit von den Muslimen als „El Gahelia“[117] oder „Gahiliyya“,[118] das Zeitalter der Unwissenheit genannt.[119]

Wie sah die Stellung der Frau in dieser Zeit aus? Saadawi gibt darauf eine Antwort.

> *„In der arabischen Gesellschaft der „Gahelia“- Zeit gab es verschiedene Mischformen patriarchalischer und matriarchalischer Systeme, allgemein besaßen die Männer jedoch die Vorherrschaft. In den Wüstengebieten und Oasen hatten die Frauen größere Freiheiten als in den Städten, weil sie an der Erwirtschaftung des Lebensunterhalts beteiligt waren. Sie durften sich daher frei unter den Männern bewegen und gingen unverschleiert.“*[120]

Ihre ökonomische Bedeutung und Arbeit in der Familie, im Haus und in der Landwirtschaft verschaffen ihr nach Galal auch heute in ländlichen Gebieten Freiräume.

> *„Die Frauen auf dem Land haben sich am wenigsten verändert, und trotzdem ist die Diskrepanz zwischen Frau und Mann am wenigsten ausgeprägt. Beide stehen auf gleicher Stufe.“*[121]

Der Schleier hatte in der Zeit der Unwissenheit mehrere Bedeutungen.

Bei den Assyrern und Babyloniern im alten Orient galt der Schleier als Symbol der Freiheit. Er besaß die Aufgabe den Stand und die Schichtenzugehörigkeit der Frau kenntlich zu machen. Nur die freie Frau hatte das Recht, den Schleier anzulegen. Eine Sklavin hingegen, die es wagte den Schleier zu tragen, musste mit einer harten Strafe rechnen.[122]

Der Schleier galt zudem *„... als Zeichen des gesitteten Lebenswandel ... .“*[123] Neben dem moralischen und klassenspezifischen Moment kann der Schleier auch als Ausdruck des modischen Verständnisses seiner Zeit verstanden werden, galt er doch als der „letzte Schrei“ der Modeschöpfung.

Was zunächst als modische Neuheit gedacht war, verselbständigte sich in zunehmenden Maße und wurde später das Zeichen der Aussperrung und Zurückdrängung der Frau in den häuslichen Bereich, dieses galt insbesondere für das städtische Milieu. Seibert geht davon aus, dass der Schleier für die „vorislamische“ Frau ein wichtiges Requisit darstellte,

> *„.... jedoch nicht – oder nicht nur – als schmeichelndes modisches Zubehör, sondern als Ausdruck einer zunehmenden Isolierung und Unterdrückung.“*[124]

Dieses galt vor allem für die Städterinnen, während die Frauen auf dem Lande davon kaum betroffen waren.

3.4.2.1 Der Schleier der Berberin und Beduinin

Die Berberin und Beduinin waren von der Tradition des Körperschleiers nie in der Form betroffen wie etwa ihre Schwestern in den Städten der arabischen Halbinsel.

Da sie als Arbeitskräfte für ihre Stämme unentbehrlich waren, wurden sie bedingt in die männerbestimmte Welt integriert. Die Frauen übernahmen einen großen Teil der täglichen Stammesarbeit, wodurch ihnen hohes Ansehen zuteil wurde. Zu ihren täglichen Arbeiten zählten u.a. das Aufschlagen, Abbrechen und der Transport der Zelte, die Essenszubereitung, das Wasserholen und die Brennstoffsuche sowie die Kleinviehhaltung.[125] Ein Schleier wäre bei der Arbeit hinderlich gewesen und so bedeckte die Beduinin lediglich das Haar.[126]

Dem Haar und rituellen Haaropfer kam nach Höll sakrale Bedeutung zu.

> *„Das Opfer des Haares kam der Hingabe der eigenen Person gleich."*[127]

Das Haar galt von jeher in allen Kulturen als Sitz der Lebensenergie, Lebenskraft,[128] der Zierde und Fürsorge.[129]

Wie die Beduinen, so trat auch die Berberin unverschleiert in der Öffentlichkeit auf und konnte sich frei bewegen, ohne dabei auf den häuslichen Bereich beschränkt zu sein.

Der Grund lag in ihrer für den Stamm unentbehrlichen Arbeitskraft.

Auch heute trägt kaum eine Berberin den Schleier.

> *„Die Berberin war unverschleiert, und ihre Bewegungsfreiheit war und ist nicht auf das Haus beschränkt."*[130]

Eine „Einschließung" der Frau in das Haus war und ist nicht möglich, da die Frau mitarbeiten muss, um das Überleben der Familie zu sichern.

Die neue Religion des 7.Jahrhunderts, der Islam brachte eine Ordnung, die sich stark von städtischen Bedingungen geprägt zeigte. Mohammed strebte eine Kombination aus städtischer und beduinischer Kultur an, da er selbst aus der Stadt Mekka kam. Das Bestreben einer Einigung beider Kultur verlangte nach einer Neuformulierung der Stellung der Frau in der jungen islamischen Gesellschaft,[131] worüber der Koran Aufschluss gibt.

3.4.3 Der Koran

Dem Koran als heiligem Buch des Islams kommt eine lebensbestimmende Bedeutung zu. Nach islamischer Auffassung stellt er das authentische Wort Gottes dar, was sich sowohl in dem offenbarten Inhalt als auch in seiner Sprache ausdrückt. Die zahlreichen Koranübersetzungen bilden nach Ansicht der Muslime, nur einen schwachen Abglanz des ewigen Wortes. Das erklärt, warum den Übersetzungen die Bedeutung von „Kommentaren" gleichkommt. Sie können nie die Konnotation einnehmen wie der, in arabischer Sprache, offenbarte Koran.

Wer einen Zugang zur religiösen Vorstellungswelt von Muslimen erlangen möchte, sollte sich des Korans bedienen. Denn der Koran ist

> *„.... unumgänglich für das Verständnis der Denk- und Handlungsweise der Menschen islamischen Glaubens.“*[132]

3.4.3.1 Der Koran und die Schleierfrage

Der Koran entstand, ebenso wie die Schriften des Hinduismus, Judentums und Christentums auf dem Hintergrund einer patriarchalischen Welt, die stets darauf bedacht war und ist, die Vorherrschaft des Mannes religiös zu legitimieren.
Wer sich in diesem Zusammenhang auf die Suche nach einem verbindlichen Schleiergebot begibt, wird im Koran nicht zu einer befriedigenden Antwort gelangen.
Obgleich der Koran keine eindeutige Aussage hinsichtlich der Verschleierung der Frau trifft, ja diese Frage sogar widersprüchlich behandelt, wird das Schleiergebot in vielen islamischen Ländern als gottgewollt hingestellt. Zur Legitimation wird auf die Suren 24:31, 33:59 und 24:60 verwiesen.

3.4.3.2 Sure 24:31

Bei der 24. Sure handelt es sich um eine in Mekka geoffenbarte Sure. Mekka zeichnete sich nach Schamah durch seine patriarchalischen Clans aus, die im Gegensatz zum weit verbreiteten Matriarchat Medinas standen.[133]
Die islamische Geistlichkeit versucht, mittels der Sure 24:31 den Eindruck zu erwecken, als sei der Frau hierin der Schleier als islamisches Kleidungsstück angetragen worden.
Schamah geht davon aus, dass das Schleiergebot auf die Modeauswüchse zur Zeit Mohammeds zurückzuführen ist. Tiefe Dekolletés, die große Teile der Brust und des Rückens unbedeckt ließen, bestimmten die Mode der Zeit Mohammeds. Die Frauen wurden daher aufgefordert den Schal herunterzuziehen, um die Blöße zu bedecken.

Indem der Schal weiter heruntergezogen wurde, bedeckten sich automatisch die Haare.[134] Viele Kommentatoren fordern daher heute, dass die Frauen zumindest ihre Haare verhüllen sollen.
Die Sure 24:31 selbst empfiehlt folgendes:[135]

> „*Und sag den gläubigen Frauen, sie sollen (statt jemanden anzustarren, lieber) ihre Augen niederschlagen, und sie sollen darauf achten, daß ihre Scham bedeckt ist (w. sie sollen ihre Scham bewahren), den Schmuck, den sie (am Körper) tragen, nicht offen zeigen, soweit er nicht (normalerweise) sichtbar ist, ihren Schal sich über den (vom Halsausschnitt nach vorne heruntergehenden) Schlitz (des Kleides) ziehen und den Schmuck, den sie (am Körper) tragen, niemanden (w. nicht) offen zeigen, außer ihrem Mann, ihrem Vater, ihrem Schwiegervater, ihren Söhnen, ihren Stiefsöhnen, ihren Brüdern, den Söhnen ihrer Brüder und ihrer Schwestern, ihren Frauen (d.h. den Frauen, mit denen sie Umgang pflegen?), ihren Sklavinnen(w. dem, was sie (an Sklavin nen) besitzen), der männlichen Bediensteten (w. Gefolgsleuten), die keinen (Geschlechts)trieb(mehr) haben, und den Kindern, die noch nichts von weiblichen Geschlechtsteilen wissen. Und sie sollen nicht mit ihren Beinen (aneinander) schlagen und damit auf den Schmuck aufmerksam machen, den sie (durch die Kleidung) verborgen (an ihnen) tragen (w. damit man merkt, was sie von ihrem Schmuck geheimhalten). Und wendet euch allesamt (reumütig) wieder Gott zu, ihr Gläubigen! Vielleicht wird es euch dann wohl ergehen.*“

In seinem Kommentar schreibt Paret:

> „*Mit dem, „was verborgen ist“ (al- ġaib) sind vermutlich die geschlechtlichen Intimitäten gemeint.*“[136]

Es bieten sich zwei Erklärungen an. Zum einen könnte „*Schmuck*“ den Schmuck herkömmlicher Art meinen, zum anderen könnte er sich auf die weiblichen Geschlechtsteile, also die Sexualität der Frau beziehen. Warum sollten Frauen sonst auf Schamhaftigkeit und den Umgang mit „geschlechtslosen" Menschen achten, wenn ihre Sexualität unbedeutend wäre?

Khoury kommentiert die Sure wie folgt:

> *„Nur in ihrem Haus und vor ihren nächsten Angehörigen darf sie sich frei bewegen (24,31:4,34). Draußen und vor unbefugten Augen hat sie ihre Reize zu bedecken, um sich keinen Belästigungen auszusetzen."*[137]

Die Frau in der Rolle als Hausfrau und Geschlechtspartnerin. Khoury hinterfragt weder, warum bzw. vor wem sich die Frau schützen muss, noch wodurch die Belästigung der Frau ohne Schleier zu rechtfertigen ist.

In den Ausführungen Khourys fehlt zudem die Analyse gesellschaftlicher Bedingungen und deren ökonomische Strukturen.

Sure 24:31 richtet sich zunächst an die gläubigen Frauen. Der gesamte Text ist von einer Empfehlung , dem *sollen* Durchdrungen. Es wird ein Rat gegeben, nicht eine strikte Vorschrift. So heißt es z.B. nicht *„... sie müssen ihre Scham bewahren"*, sondern *„... sie sollen ihre Scham bewahren"*.

Hier wird eine unterschiedliche Gewichtung des „Gebots" sichtbar. An keiner Stelle ist von einem Schleier oder einer Verschleierung die Rede, sondern *„... von einer gewissen Verhüllung"*.[138] Wie diese Verhüllung auszusehen hat, wird an keiner Stelle im Koran definiert. Die Sure selbst spricht von einen Schal, nicht von einem Tschador, einer Burka, einem losen Tuch gleich einem Sari oder einem Kopftuch.

Saadawi sieht das Schleiergebot im Zusammenhang mit der Angst des Mannes vor der Verführung durch die Frau.

> *„Verläßt eine Frau das Haus, so muß sie ihren Körper vollständig*

bedecken. Ihre Schönheit oder was immer einen Mann verführen könnte, muß verborgen bleiben."[139]

Crapanzano verweist auf die bewusste, häufig aber auch unbewusste Angst der Männer vor den Frauen.

„... eine Angst, die ihren Ausdruck in der in Marokko und der übrigen arabischen Welt praktizierten Geschlechtertrennung findet und die vermutlich durch den außerordentlichen Wert, den die Araber auf Männlichkeit legen, kompensiert wird."[140]

Angst und übersteigerte Männlichkeit als Grund der Verschleierung der Frau und nicht das Gebot des Korans.

Durch eine entsprechende männliche Koraninterpretation, wird die unbewusste Angst und das Empfinden der sexuellen Bedrohung durch die Frau kompensiert. Auf der Grundlage des konstruierten religiösen Gebots wird der Frau der Schleier „verordnet", um ihrer sexuellen Attraktivität entgegen zu wirken. Dass die Bedrohung nur durch die Frau in die Welt „getragen" werden kann, ist Ausdruck patriarchalischen Sicht.

Von dem Verhüllungsgebot, das sich auf Sure 24:31 beruft, sind Gesicht und Hände ausgenommen, da es Frauen während der Wallfahrt, der hadjj nach Mekka nicht gestattet ist, diese zu „verschleiern".[141]

Betrachtet man in diesem Zusammenhang noch einmal die Schleierarten, die aus den verschiedenen Ländern der islamischen Welt überliefert sind, so ist festzustellen, dass sie im Gegensatz zur Lehre des Korans stehen, denn die Sure 24:31 gebietet keine ausdrückliche Verschleierung der Frau, sondern spricht lediglich von einem Schal, der die „Scham" bedecken soll. So könnte ein „Verbot" eines tiefen Dekolletés als legitim angesehen werden, nicht aber die Verhüllung des gesamten Frauenkörpers.

Die Aufforderung auf ihre Scham zu achten, richtet sich sowohl an

Frauen als auch an Männer. Beide unterliegen diesem Gebot wie Sure 24:30 zeigt.

„Sag den gläubigen Männern, sie sollen (statt jemanden anzustarren lieber) ihre Augen niederschlagen, und sie sollen darauf achten, daß ihre Scham bedeckt ist(w.sie sollten ihre Scham bewahren). So halten sie sich am ehesten sittlich (und rein) (w. das ist lauterer für sie). Gott ist wohl darüber unterrichtet, was sie tun."

In den Suren 24:31 und 24:30 werden „moralische" Gebote ausgesprochen, die sich ausdrücklich sowohl an Frauen als auch an Männer richten. Wird in einer Gesellschaft, die sich auf den Koran beruft, die Verschleierung der Frau und ihre Sittlichkeit gefordert, so hat gleiches für die Männer zu gelten.

„Sittliches" Verhalten und dementsprechende Kleidung als gleichberechtigtes Gebot für Männer und Frauen.

3.4.3.3 Sure 33:59

Im Zusammenhang mit der Schleierfrage wird häufig die Sure 33:59 genannt. Um die genannte Koranstelle besser einordnen zu können, sei kurz die Lebenssituation der Frau in der Stadt Mekka beschrieben.

„Abgesehen von den Sklavinnen und den Tänzerinnen und Sängerinnen schienen auch die übrigen Frauen ihre Reize nicht verborgen zu haben. Nur von den Frauen der Qurais, des Stammes, dem der Prophet anegehörte, wird überliefert, dass sie sich zu verschleiern pflegten." [142]

Den Frauen der Qurais kam innerhalb der mekkanischen Gesellschaft eine besondere Stellung zu. In vielen Suren wird unterstrichen, dass die Frauen des Propheten nicht mit anderen Frauen vergleichbar seien. Aus diesem Sonderstatus heraus wurde besonders darauf geachtet, dass sie sich nicht wie die „gewöhnlichen“ Frauen verhielten. [143]

Sie galten als Vorreiterinnen für die Überwindung vorislamischer Sitten und nahmen damit Vorbildcharakter an.

Mit ihren Verhaltensweisen, gleich ob es sich dabei um Moralvorstellungen oder um Bekleidungsgewohnheiten handelte, gaben sie die Richtung der Rolle der Frau in der neuen Gesellschaft an.

Sure 33:59 spricht die Frauen des Propheten an, die vielerorts auch „Mütter der Gläubigen“[144] genannt werden.

> *„Prophet! Sag Deinen Gattinnen und Töchtern und den Frauen der Gläubigen, sie sollen (wenn sie austreten) sich etwas von ihrem Gewand (über den Kopf) herunterziehen. So ist es am ehesten gewährleistet, daß sie (als ehrbare Frauen) erkannt und daraufhin nicht belästigt werden. Gott aber ist barmherzig und bereit zu vergeben.“*

Leßner vertritt die Auffassung, dass der Schleier nur für die Frauen des Propheten Gültigkeit besaß und somit nicht als Vorschrift für alle Frauen aufgefasst werden kann.[145]

Henning übersetzt die Sure 33:59 mit

> *„... daß sie sich in ihrem Überwurf verhüllen. So werden sie eher erkannt ... und werden nicht verletzt... .“*

Annemarie Schimmel, die die Anmerkungen zu Hennings Übersetzung abgefasst hat und als unbestrittene Kennerin des Islams gilt, geht davon aus, dass es sich um den Zusatz *„als anständige Frauen“* handelt.[146]

Was darunter zu verstehen ist, wird nicht definiert. Vermutlich handelt es um einen Verweis auf die Frauen der gehobenen Schicht, die sich in der ökonomischen Lage sahen, sich an die neuen Gesetze zu halten.

Für das Wort Überwurf, dass Henning in seiner Übersetzung verwendet, setzt Höll das arabische Wort galab ein. [147] Vincent Crapanzano nennt den Überwurf der Frauen gāllāba, während die Männer den hāf tragen, eine Art Kaftan.[148] Höll fragt,

> *„War es, daß sie als anständige Frauen erkannt werden sollten, im Gegensatz zu den Sklavinnen und den qaināt ... oder ist es, daß sie sich durch das Tragen des Überwurfes als Frauen von Gläubigen erkennbar machen sollten, zu ihrem tatsächlichen Schutz in der damaligen schwierigen Lage?"*[149]

In ihren Ausführungen kommt sie zu dem Schluss, dass es sich um eine zeitlich begrenzte Vorschrift handelt, die ihre Gültigkeit lediglich in der Situation Arabiens im 6. Jahrhundert hatte. [150]

Andere Kommentatoren, wie etwa Schamah, verweisen darauf, dass den Heuchlern, den munafiqun, nicht länger die Möglichkeit gegeben werden sollte, unverschleierten Frauen nachts nachzustellen, um sich später damit entschuldigen zu können, Mann habe gedacht, es handle sich lediglich um eine Sklavin.[151]

Frauen galten folglich als „Freiwild", wenn sie unverschleiert angetroffen wurden. Aus der „Entschuldigung" der Heuchler, es habe sich lediglich um Sklavinnen gehandelt, lässt sich der Status dieser ablesen. Sie sind rechtlos und jederzeit verfügbar.

Ein allgemeingültiges Schleiergebot für die Frau lässt sich aus der angeführten Sure nicht ableiten, wohl aber eine Empfehlung an sie.

Bemerkenswert ist das Ende der Sure:

> *„Gott aber ist barmherzig und bereit zu vergeben."*

Stellt sich nur die Frage: wem? Der Frau, die ihr Gewand nicht herunterzieht oder aber dem Mann, der vor einem sexuellen Übergriff auf diese nicht zurückschreckt?

3.4.3.4 Sure 24:60

Die Sure 24:60 steht in engem Kontext zu den Suren 24:31 und 33.59. In ihr wird ersichtlich, dass sich die Ausführungen in den beiden anderen Suren in erster Linie an die unverheirateten bzw. jungen Frauen richten.

> *„Und für diejenigen Frauen, die alt geworden sind (w. die sich (zur Ruhe) gesetzt haben) und nicht (mehr) darauf rechnen können, zu heiraten, ist es keine Sünde, wenn sie ihre Kleider ablegen, soweit sie sich (dabei) nicht mit Schmuck herausputzen. Es ist aber besser für sie, sie verzichten drauf (sich in dieser Hinsicht Freiheiten zu erlauben. Gott hört und weiß (alles).“*

Wie bereits in Sure 24:31 findet sich hier erneut das Wort Schmuck. Schmuck kann durchaus im Sinne des herkömmlichen Goldschmucks verstanden werden, da Frauen anlässlich ihrer Heirat Schmuck erhielten, den sie immer trugen. Er stellte die Altersersorgung und konnte im Falle einer Scheidung verkauft werden, um damit den Lebensunterhalt zu bestreiten, da der Ehemann nicht zum Unterhalt seiner geschiedenen Frau herangezogen werden konnte.

Die Sure wurde in Medina geoffenbart und verweist nach Knabe auf das gewünschte Verhalten älterer Frauen bei der Mittagsruhe.[152]

Das Problem der genannten Suren besteht in deren Interpretation. Ein eindeutiges Verschleierungsgebot ist kaum zu rechtfertigen, wohl aber die Aufforderung zu einem schamhaften Verhalten, was sowohl von der Frau als auch dem Mann erwartet wird.

Der Schleier erscheint als ein religionsübergreifendes Phänomen, das im Hinduismus, Judentum, Christentum und Islam zu beobachten ist.

> *„Jede ernsthafte religionsvergleichende Studie wird zu dem eindeutigen Ergebnis kommen, daß der Islam, an seinen wesentlichen Grundlagen gemessen, der Frau keine andere Stellung zu-*

weist, als auch die jüdische und christliche Religion."[153]

Eine Auffassung, die Masry[154] und Thimm/Aalami teilen. Letztere betonen nachdrücklich, dass der Islam weder frauenfeindlicher noch emanzipationsnegierender ist, als andere Religionen.[155]

Es grenzt an Vermessenheit, z.B. das Christentum von seiner vielfach frauenverachtenden Tradition, beruhend auf der paulischen Tradition, freisprechen zu wollen. Wohl kaum eine Religion war an so vielen Folterungen und Frauenverbrennungen, im Rahmen der Verfolgung vermeintlicher Hexen und der Inquisition beteiligt wie etwa deren Vertreterin: die heilige christlich römisch-katholische Kirche. Bis heute schließt diese Frauen von den höchsten Ämtern aus.

Allen beschriebenen Religionen ist gemeinsam, dass sie ein Schleiergebot für Frauen kennen und mehr oder weniger stark an diesem in ihrer Gemeinschaft festhalten.

Der Grund dafür mag u.a. in der permanenten Angst von Männern vor den „Verführungskünsten der ewigen Eva" und der damit verbundenen sexuellen Stärke der Frau liegen. Die Frau als potentielle Gefahr, die es zu kontrollieren und zu domestizieren gilt, ganz im Sinne einer patriarchalischen Vorstellungen.

> *„Das Patriarchat raubte die Frauen und tauschte sie, tötete neugeborene Mädchen und verbrannte Witwen, verstümmelte Füße von Frauen, schloß sie ein und verwehrte ihnen jeden Zugang zur Öffentlichkeit, schränkte die Bewegungs- und Kommunikationsfreiheit von Frauen mit physischen und psychischen Mitteln ein, verfügte über ihre Sexualität."*[156]

Die von Bernard/ Schlaffer aufgestellte Liste lässt sich um zahlreiche Beispiele erweitern, zu denen auch der Schleier als Mosaiksteinchen patriarchalischer Herrschaft und Gewalt über Frauen gehört.

> *„Während die Männer die Religion für ihre Zwecke in Besitz nahmen und die männlichen Götter eine Vormachtstellung er-*

hielten, wurden die Frauen im System der Religionen niedriger eingestuft."[157]

Mit der Vormachtstellung des Mannes in der Wirtschaft und Religion war er berechtigt,

> *„… sich zum Richter der Moral und Sitte zu ernennen – und damit im Namen der Götter seine Interessen durchzusetzen."*[158]

Eine mögliche Erklärung für den Widerspruch zwischen Lebenspraxis und religiösen Vorschriften. In den Fällen, in denen sich die, in den religiösen Schriften verankerten Persönlichkeitsrechte der Frau gegen die Interessen der Herrschenden richten, greifen diese auf das überbrachte Gewohnheitsrecht zurück. Mit einer entsprechenden, möglichst religiös legitimierten Interpretation werden die Rechte der Frau unterlaufen.

Der Ausschluss der katholischen Christin von der Lehrtätigkeit bzw. dem Priesteramt in deren von Männern dominierten Amtskirche, das eingeschränkte Thorastudium der Jüdin, stehen ebenso im Widerspruch zu den Schriften derer Religionen, wie die Verschleierungspraktiken vieler islamischer Länder.

> *„So wie die falsch interpretierte „Schleierpflicht" ist vieles, was in der ursprünglichen Lehre des Propheten Mohammed überhaupt nicht enthalten oder gemeint war, inzwischen Teil der arabisch-muslimischen Kultur und Tradition geworden."*[159]

Die Verschleierung in diesen Ländern wird, obwohl nur schwerlich aus dem Koran abzuleiten, von unzähligen Sitten und Bräuchen begleitet, die sich in Purdah und Segregation wieder finden. Einem System der Trennung der Geschlechter im öffentlichen, religiösen und privaten Leben.

4. SITTEN UND BRÄUCHE

Sitten und Bräuche nehmen in jeder Gesellschaft das für sie charakteristische Erscheinungsbild an.
Je nach Religion, ökonomischen Verhältnissen und kulturellem Erbe herrschen die unterschiedlichsten Bräuche vor, die vielfach auf eine lange Tradition zurückblicken können. Zu dieser Tradition gehört auch die Einrichtung von Purdah und Segregation der Frauen wie wir sie heute noch in sogenannten unterentwickelten Ländern vorfinden. Im Gegensatz zu den westlichen Ländern ist dort die Trennung von Männer- und Frauenwelt besonders deutlich, was wiederum von der jeweiligen Schichtenzugehörigkeit abhängig ist.
Durch die Herrschaft Osman Ibn Affans, der im 8. Jahrhundert herrschte, begann für viele Länder des Nahen Ostens eine Zeit feudaler Knechtschaft und Fremdherrschaft.

> *„Im Zuge dieser Entwicklungen wurden auch die Frauen dazu verdammt, schwer zu arbeiten, sich hinter dem Schleier zu verbergen und im Gefängnis des „Harem“ zu schmachten: hinter hohen Mauern und eisernen Gittern, in fensterlosen Räumen – unablässig bewacht von den Eunuchen mit ihren Schwertern.“*[160]

Saadawi beschreibt damit eine Entwicklung, die sich über Jahrhunderte hin verfestigte und ständig neu überdacht wurde.
Bezüglich der Tradition des Schleiers in der islamischen Welt schreibt Abdullah:

> *„Sitten, wie zum Beispiel Verschleierung und Absperrung (haram), sind nur teilweise im islamischen Recht sanktioniert und zwischen den einzelnen Rechtsschulen oft kontrovers. Ihre Befolgung ist aber ebenso wie die tatsächliche Stellung und Wertschätzung der Frau weniger von positivrechtlichen Regelungen, als vielmehr vom je nach Land verschiedenen, für die*

Frau mehr vom je nach Land verschiedenen, für die Frau oft ungünstigeren geschichtlich kulturellen Hintergrund.“[161]

Abdullah betont, dass es sich bei dem Schleier als auch der Aussperrung um Sitten handelt, die regional sehr unterschiedlich gehandhabt werden, während ihnen eine wirkliche religiöse Grundlage der Legitimation fehlt.

Was diese Sitte der Aussperrung der Frau aus dem täglichen Leben beinhaltet, fasst sich unter dem Begriff Purdah.

4.1 Purdah

Das Wort Purdah (parde, parda) kommt aus dem persischen Sprachgebrauch und bedeutet Vorhang, Schleier.

Durch unterschiedliche Wortzusammensetzungen erhält es verschiedene Bedeutungen. Unter parde-dar wird ein Verräter verstanden, der Geheimnisse preisgibt, ebenso können eine unanständige Person als auch ein Verleumder gemeint sein. Parde-dari meint Beleidigung, Kränkung, Beschimpfung und Verrat. Die letzte Wortzusammensetzung parde-daride umfasst die Eigenschaften schamlos, ausschweifend und unzüchtig.[162]

Purdah versinnbildlicht insbesondere

„... das gesamte System der Isolierung der Frauen von den Männern.“[163]

Eine zusammenfassende Beschreibung der Purdah-Funktion in den Purdah-bestimmten Ländern und seine Auswirkung auf das alltägliche Leben der Frauen gibt Erika Knabe, indem sie alle Faktoren prägnant charakterisiert.

„Purdah geht in Psychisches hinein, prägt Selbstwertgefühl, Willensentwicklung und begrenzt den Lebenshorizont, Purdah prägt

den Gefühlsausdruck in Mimik und Gesten, Purdah ist die verhüllende unkenntlichmachende Tracht der Frauen, Purdah diktiert die Architektur der Häuser, und Purdah ist so handfest wie die dicken übermannshohen Mauern, die jedes Haus und Grundstück vor Blicken von außen abschirmen. Unter Purdah kann ein Mann seiner Frau verbieten sein Haus überhaupt – selbst zu einem Besuch ihrer Eltern – zu verlassen. Purdah umgrenzt die weiblich Subkultur."[164]

Purdah ein allumfassendes System, das sich nicht auf Gebote der Religion, in diesem Fall des Islams, gründet, sondern auf die einer patriarchalischen Welt, die für ihre weiblichen Mitglieder nur einen eng umschriebenen Lebensraum zulässt.

Verfechter konservativer Strömungen verteidigen das Purdah-System als eine wesentliche islamische Institution. Bemühungen, das mit dem Koran zu belegen, scheitern. Der Koran schreibt lediglich den Frauen des Propheten, die eine Sonderstellung innerhalb der mekkanischen Gesellschaft einnahmen, eine abgeschlossene Lebensweise vor.[165]

Richter-Dridi kritisiert zu Recht die Kommentatoren, die sich auf die Sure 33:32 berufen, um daraus eine Aussperrung aller Frauen aus der Öffentlichkeit abzuleiten,[166] heißt es doch in Sure 33:32

„*Ihr Frauen des Propheten! Ihr seid nicht wie (sonst) jemand von den Frauen. Wenn ihr gottesfürchtig sein wollt (w. Wenn ihr gottesfürchtig seid), dann seid nicht unterwürfig im Reden (mit fremden Männern), damit nicht (etwa) einer, der in seinem Her zen eine Krankheit hat, (nach euch) Verlangen bekommt! Sagt (vielmehr nur) was sich geziemt!*"

Und in der āya 33:33 heißt es weiter,

„*Und bleibt in eurem Haus… .*"

Durch die Anredeform „*Ihr Frauen des Propheten*" wird ersichtlich, dass sich die Frauen Mohammeds angesprochen sehen. Schamah verweist auf die kontrovers geführte Diskussion der Frage der Aussperrung der Frau, die vielfach dazu missbraucht wird, um bestehende Verhältnisse zu legitimieren,[167] obwohl sie damit im Gegensatz zur Lehre des Islams stehen, wie Ali in seinen Ausführungen deutlich macht. Er sieht im Islam keine Aussperrung gegeben und schon gar nicht durch den Propheten selbst.

> „*It cannot and does not mean, as explained by the Holy Prophet himself, that women are not allowed to go out for their needs. Display or beauty and going out for one's needs are quite different things. There is, therefore, no seclusion in Islam in the sense that women are shut up within their houses, for they are free to move about for their needs, or the transaction of their affairs, as men.*"[168]

Wenn nicht die Religion für die Aussperrung der Frau verantwortlich ist, welche Gründe lassen sich dann für dieses Phänomen anführen?

4.2. Gründe der Segregation

Da sich aus dem Koran kein wirklicher Grund für ein religiös legitimiertes Gebot der Aussperrung der Frau finden lässt, müssen andere Vorstellungen dafür verantwortlich sein.
Saadawi sieht für die Trennung der Frau von der Öffentlichkeit drei Komponenten gegeben:

> „*1. Die Treue der Frau zu garantieren und zu verhindern, daß sie mit fremden Männer überhaupt in Kontakt kommt;*
> *2. zu ermöglichen, daß sie sich ausschließlich den Aufgaben widmet, die ihr im Haushalt, in der Sorge für den Ehemann, die Kinder und die greisen Mitglieder der Familie erwachsen;*

3. die Männer vor den Gefahren zu schützen, die in jeder Frau lauern, sie vor allem vor der weiblichen Verführungskunst zu bewahren, die so machtvoll ist, daß sie einem, Mann „zweidrittel seiner Vernunft kostet und ihm die Fähigkeit raubt, sich Gott und der Gelehrsamkeit zu zuwenden.“[169]

Die Schwäche und übersteigerte Angst des Mannes vor der Sexualität der Frau und sein alleiniger Besitzanspruch auf diese, zieht für die Frau die Segregation nach sich.

Saadawi führt die Vorstellung der Verführung des Mannes durch die Frau auf christliches Gedankengut zurück.

„Der Islam hat von der mosaischen Religion und vom Christentum jenes archaische Bild der Eva übernommen, das die Frau als Verbündete und Werkzeug des Satans, darstellt, der in ihrem Körper wohnt.“[170]

Diese Einstellung führte zu unzähligen Tabus, denen die Frau unterstellt wurde, die vom Ausschluss der Frau von religiösen Handlungen bis zur Segregation reichen.

Um die Bedrohung durch die Frau für den Mann zu mindern bzw. gänzlich zu beseitigen, muss(te) sie von der Gesellschaft ferngehalten werden. Dafür bediente sich die männerdominierte Gesellschaft zum einen des Schleiers und zum anderen der Einrichtung von Frauengemächern, dem Harem.

Die Einschließung bzw. Ausschließung der Frau ist darüber hinaus eine Frage der Schichtenzugehörigkeit, denn nur wirklich reiche Familien können es sich leisten, auf die „wertvolle“ Arbeitskraft Frau zu verzichten, um sie hinter den Mauern der Frauengemächern im „goldenen Käfig“ zu halten.

5. DER SCHLEIER IM IRAN

Die westliche Presse reagierte äußerst erregt auf die schwarz verschleierten Frauen, die an den großen Demonstrationen gegen den Schah in den Jahren 1978/79 im Iran teilnahmen.
Die so genannte aufgeklärte und konsumorientierte westliche Welt konnte nicht verstehen, dass sich iranischen Männer und Frauen nicht länger dem Fortschritt und Konsum nach westlichen Muster aussetzen wollten und stattdessen einem greisen Religionsführer folgten.
Im Laufe der Unruhen, die letztlich den Sturz des Schahs bewirkten, wurde der Schleier immer mehr zu einem Instrument des Protests und Widerstands gegen den Imperialismus und seine Vertreter.
Es handelt sich dabei keineswegs um eine Erfindung der iranischen Revolution, sondern um ein Phänomen, das sich bereits für das 19. Jahrhundert nachweisen lässt.

5.1 Die Rolle des Schleiers in den politischen Bewegungen Irans im 19. und 20. Jahrhundert

5.1.1 Der „Tabakaufstand" und die „konstitutionelle Revolution"

Der Iran hat im Gegensatz zu vielen anderen unterentwickelt gehaltenen Ländern nie unter der direkten Herrschaft einer ausländischen Macht, im Sinne einer Kolonie gestanden, was aber nicht ausschloss, dass direkter oder indirekter ausländischer Einfluss auf die ökonomischen Verhältnisse des Landes genommen wurde.

> *„Das Ende des 19. Jahrhunderts stand unter dem Einfluß der kapitalistischen Entwicklung und deren Expansion auf den gesamte*

auf den gesamten Erdball, von denen auch der Iran nicht unberührt blieb.“[171]

Besonders starken Einfluss nahmen im 19. Jahrhundert russisches und englisches Kapital, mit dem eine rücksichtslose Ausbeutung des iranischen Volkes einherging.

Um die Finanzierung des luxuriösen Lebens des iranischen Königs und seiner Angehörigen zu sichern, vergab dieser als größter iranischer Großgrundbesitzer unzählige Monopole an das ausländische Kapital.[172]

Als der Kadjarenkönig Nasser el-Din Schah einer englischen Firma im Zuge der Verteilung von Konzessionen die Monopolstellung im iranischen Tabakhandel übertrug, kam

es zu heftigen Unruhen unter der iranischen Bevölkerung, die sich im so genannten „Tabakaufstand“ von 1890 niederschlugen.[173]

Die Engländer waren einzig und alleine berechtigt den Anbau und Vertrieb des Tabaks, einschließlich dessen Preisfestsetzung im In- und Ausland zu bestimmen und zu kontrollieren.

Gegen dieses Tabakmonopol rief 1890„*…Ayatollah Misra el-Schirasi mit Erfolg zu einem Raucherstreik auf.“*[174]

Der Boykott wurde nicht nur von den Konsumenten, sondern auch von der Handelsbourgeoisie getragen, die sich für den Aufstand mitverantwortlich zeigte.[175]

An den Demonstrationen, die sich gegen die Vergabe des Tabakmonopols richteten, nahmen verschleierte Frauengruppen teil, die sich mit der Bewegung solidarisch erklärten.[176]

Nach einem Jahr

> *„… wurde Nasser el-Din Schah gezwungen, den Vertrag zu annullieren, wofür der Iran 500 000 Pfund Sterling als Entschädigung an die englische Kompanie zahlen musste.“*[177]

Die Rücknahme erfolgte auf Druck der Geistlichkeit und der gesamten Bevölkerung.

Eine Konstellation, die sich anlässlich der „konstitutionellen Revolution" von 1906 bis 1909 nochmals gegen den Kadjarenkönig Mozafa el-Din Schah formierte.[178]

Hier nahmen Frauen im Schleier erstmal bewaffnet am Kampf teil. Aus Täbriz ist überliefert, dass Frauen im Schleier mit Waffen in der Hand die Barrikaden gegen die Schahtruppen verteidigten. Ähnliches wird anlässlich des Kampfes um die nationale Unabhängigkeit Persiens gegen das zaristische Russland im November 1911 berichtet, als 300 Frauen mit Waffen unter ihren Schleiern in das Parlamentsgebäude drangen und den Abgeordnete drohten, sie zu erschießen, falls sie den Forderungen Russlands nachkämen.[179]

Zu Beginn des 20. Jahrhunderts forderte der linke Flügel der Frauenbewegung eine allgemeine Aufhebung des im Iran geltenden Verschleierungszwanges für Frauen.

Nach dem I. Weltkrieg wurden immer heftigere Diskussionen um den Schleier geführt.

> *„Für viele iranische Liberale und Linke bildete er das zentrale Symbol weiblicher Ein- und Ausschließung und seine Beseitigung wurde daher faktisch mit der „Emanzipation" der Frau im Iran identifiziert."*[180]

Die geforderte „Entschleierung" der Frau wurde in den 30er Jahren von Reza Schah mit vehementer Kraft und Gewalt durchgesetzt.

5.1.2 Die Entschleierungskampagne

Mit der Einsetzung Reza Khans als neuem Herrscher des Iran, endete 1925 die Kadjaren-Dynastie. Von nun an, geriet der Iran immer

mehr unter den Zwang der Verwestlichung, der auch vor dem bestehenden Frauenbild nicht haltmachte. Im Zuge der Umorientierung kam es zur so genannten „Entschleierungskampagne“.
In den ländlichen Gebieten war der Schleier kaum verbreitet. Dort galt er als „Privileg“ der Frauen, die der Oberschicht angehörten und keiner Feldarbeit nachgehen mussten. Eine Segregation, wie etwa in der Stadt, war für Familien der Unterschicht kaum möglich, da die Frau in den bäuerlichen Familien als unentbehrliche Arbeitskraft galt, die wesentlich zur Existenz der Familie beitrug.
Purdah, Segregation und der Tschador sind daher in ihrer extremen Form Ausdruck der Ober- und Mittelschicht.[181]
Nachdem der Schah 1934 von einer Reise aus der Türkei in den Iran zurückkehrte, erging eine Zeitungskampagne gegen den Schleier. In zahlreichen Artikeln wurde auf die Notwendigkeit des Schleierverzichts hingewiesen, der den Übergang zur europäischen Kleidung erleichtern sollte.
In einem Erlass des iranischen Erziehungsministerium wurde den Lehrerinnen des Landes angedroht, dass sämtliche Gehaltsauszahlungen mit sofortiger Wirkung an sie eingestellt würden, sollten sie weiterhin auf das Tragen des Schleiers bestehen. Kaum eine Lehrerin konnte es sich leisten, dieser Verordnung nicht Folge zu leisten.
Doch der Feldzug gegen den Schleier beschränkte sich nicht nur auf die Position der Lehrerin.

> *„Im Frühling 1935 machte das Ministerium die Entschleierung für die Praxis unausweichlich, indem es vorschrieb, kein Mädchen dürfe, solange es die Verschleierung beibehielte, Schulpreise oder Diplome erhalten. Im folgenden Herbst war die Schule den noch verschleierten Mädchen faktisch verschlossen.“*[182]

Angehörigen des Kriegsministeriums wie Offizieren und Kadetten wurde es untersagt,

„… in Teheran oder Lalezar oder in den Straßen von Istanbul (den Hauptorten für den Durchgangsverkehr)in Begleitung von Frauen im Chaddur zu promenieren, selbst dann, wenn die verschleierte Begleiterin ihre Mutter, Frau oder Schwester war."[183]

Nach dem 8. Januar 1936 wurden zahlreiche Verordnungen erlassen, die sich gegen die Schleierträgerinnen richteten.

„Beispielsweise darf nun keine verschleierte Frau in Iran in einer öffentlichen Klinik behandelt werden oder eine öffentliche Verkehrsgelegenheit benutzen!"[184]

Woodsmall hinterfragt diese gesetzliche Vorgehensweise nicht, sondern fährt fort

„Diese beiden Vorschriften werden sicherlich eine Zeitlang den konservativen moslemischen Frauen ernste Schwierigkeiten bereiten, aber schließlich wird ihre konservative Gesinnung überwunden werden."[185]

Die Autorin zeigt eine typisch europäische Haltung, in dem sie die Entschleierungskampagne ohne wenn und aber befürwortet.

Die psychischen Folgen für die Frauen, die ihr ganzes Leben lang den Schleier getragen haben und ihn nun unter Gewaltandrohung abzulegen haben, bleiben außen vor.

Wie hätte sie reagiert, wenn in der westlichen Welt ein Gesetz erlassen worden wäre, in dem allen Frauen unter Androhung von Strafe verordnet worden wäre, mit nacktem Oberkörper in der Öffentlichkeit zu erscheinen?

Welche Gefühle der Frauen verletzt wurden, wird im nächsten Zitat deutlich.

„Polizisten suchten die Straßen nach Frauen mit Tschador ab und rissen diesen, die die das aufgrund ihrer bisherigen sexuellen Sozialisation als eine Art von Vergewaltigung begreifen mußten, brutal den Schleier vom Gesicht."[186]

Viele Frauen reagierten äußerst verängstigt und wagten sich nicht mehr auf die Straße.

Ging es Reza Schah mit seinen Maßnahmen wirklich alleine um eine Befreiung der Frau vom Schleiergebot oder verfolgte er nicht vielmehr ökonomische Ziele, nämlich die Rekrutierung der Frau für die expandierende Textilindustrie?

In einer Rede Reza Schahs anlässlich der Diplomverteilung für Lehrerinnen in Teheran drängt sich dieser Verdacht auf.

> *„Es ist nicht zu viel behauptet, wenn man sagt, daß früher die Hälfte der Bevölkerung nicht gezählt, oder, in andern Worten, die Hälfte der Arbeitskraft nicht genutzt wurde. In den Volkszählungen wurden die Frauen nicht aufgenommen, als ob sie einer anderen Menschenart angehörten. Ihr Frauen müsst diesen Tag als ein großes Ereignis ansehen und Eure Möglichkeiten für den Fortschritt des Landes nützen. Meine Schwestern und Töchter, und jetzt, da Ihr in die Gesellschaft eingetreten seid, müsst Ihr Eure Pflicht kennen, für Euer Vaterland zu wirken. Das Glück der Zukunft liegt in Euren Händen.“*[187]

Die Lehrerinnen sollten als Vorreiterinnen für eine neue Kleidung stehen, die einem unzähligen Heer von billigen Arbeitskräften „ermöglichten“, in die neuen Arbeitsmärkte zu geringem Lohn zu gelangen. Der Tschador war dabei hinderlich, denn in ihm ließ es sich nur schlecht und unter Gefahr arbeiten.

Bei aller Kritik an der Art und Weise der staatlichen Vorgehensweise, darf nicht übersehen werden, dass den iranischen Frauen eine Teilhabe am ökonomischen Geschehen eingeräumt wurde. Eine Teilhabe, die ihr langfristig die Segregation zu durchbrechen half und sie als Teil der Gesellschaft definierte, der nicht länger hinter den Mauern für alle unsichtbar und stumm zu verschwinden hatte. Der Zugang zur Bildung und der ökonomischen Partizipation ist für

die Veränderung der Rolle der Frau und des Mannes in einer erfolgreichen Gesellschaft unverzichtbar.
Eine Veränderung, die in den ländlichen Gebieten nur langsam einsetzte und Mädchen und Frauen nach wie vor von der Bildung fernzuhalten sucht(e).

5.3.1 Die iranische Revolution

Der Iran stellt kein homogenes Staatgebilde dar, sondern besteht aus einem Vielvölkerstaat mit unterschiedlichen Interessen.
Die iranische Revolution wurde erst Anfang 1978 von den westlichen Medien wahrgenommen. Bis zu diesem Zeitpunkt feierte vor allem die Regenbogenpresse den Schah als einen Vertreter aus 1001 Nacht und Garanten des Friedens. Den Unruhen seit der 50er Jahren im Iran schenkte man hingegen kaum Beachtung.[188]
Am 29.04.1951 wurde der demokratisch gewählte Abgeordnete Mossadegh zum neuen Premierminister der Madschlis.
Die Kontrolle und Ausbeutung der iranischen Erdölfelder unterstand bis zu diesem Tag den Briten. Die erwirtschafteten Gelder wanderten zum größten Teil nach London und nicht in die iranische Staatskasse. Zwei Tage nach Mossadeghs Amtseinführung beschloss das iranische Parlament die Nationalisierung des iranischen Erdöls. Ein Vorgehen, das seitens der Engländer nicht kampflos hingenommen wurde.
Durch einen Militärputsch vom 19. August 1953 gegen den demokratisch gewählten Premierminister Mossadegh kam der Schah erneut an die Macht, an dem der CIA maßgeblich beteiligt war.[189] Die Beteilung des britischen M16 sowie des amerikanischen CIA sind unstrittig belegt. Eine Aktion, die dem Westen noch einmal leid tun

sollte, denn die Folgen der *Operation Ajax* sollten in die Unruhen der Jahre 1978/79 gegen die despotische Herrschaft des Schah und der anschließenden Machtergreifung Khomeinis gipfeln.
1963 formierte sich im Iran eine Guerilla-Bewegung, die sich aus den verschiedensten politischen Strömungen zusammensetzte.[190]
Sie schloss sich 1978/79 der Massenbewegung an, die das gesamte iranische Territorium ergriffen hatte und von fast allen Klassen und Schichten der Bevölkerung getragen wurde.
Wie schon beim *„Tabakaufstand"* und der *„konstitutionellen Revolution"* nahmen auch hier Frauen aktiv am Widerstand teil. Sie wurden ebenso wie die männlichen Schahgegner verfolgt, verhaftet, gefoltert und getötet.[191]
Der Schleier spielte während der iranischen Revolution eine besondere Rolle. Zur Zeit des Schahs gab es viele Frauen wie auch Männer, die sich nach wie vor traditionell kleideten, was nicht zuletzt auch mit der ökonomischen Situation dieser Menschen zusammenhing.

> *„Der Schleier wurde zur Tracht der Volksschichten, die westliche Kleidung zum Zeichen der Oberschichten, die auch alleine die Kleidung kaufen und bezahlen konnte. Die Massen waren zu arm und trugen, hauptsächlich auf dem Lande, selbstgefertigte Trachten."*[192]

Was Brentjes hier anführt, wurde durch einen Fernsehbericht von Gordian Troeller und Claude Deffarge erhärtet. In ihrem Film „Freiheit unter dem Schleier" berichten sie, dass lediglich 2% der Iranerinnen sich den Luxus westlicher Kleidung leisten konnten.[193]
Die *„Organisation der iranischen Frauen"* unter Vorsitz der Schahschwester Ashraf setzte sich in den 70er Jahren das Ziel der

> *„... Integration der Frauen in den außerhäuslichen Arbeitsprozeß und die langsame „Modernisierung" des Familienrechts als die-*

sen Prozeß unterstützende Maßnahme.“[194]

Die Frauen sollten aus dem Purdah-System befreit werden.

Besonders die Frauen der Ober- und Mittelschicht standen dem positiv gegenüber. Durch ihren Zugang zur Bildung und ihrer Berührung zum Westen, forderten sie für sich mehr Freiheit. Ein Ansinnen, dass nicht ohne Kritik blieb.

Besonders in geistlichen und konservativen Kreisen stand man(n) der Organisation der Schahschwester abwartend bis negativ gegenüber. Man vermutete u.a., dass die Frauen lediglich zur Deckung des Arbeitskräftebedarfs der wachsenden Industrie benötigt wurden und sah zudem islamische Werte gefährdet. Letzteres galt insbesondere für die Änderung der Familiengesetze, die in konservativen Kreisen auf wenig Gegenliebe stieß.

Aus Protest gegen die Veränderungen hüllten sich zahlreiche Frauen in das traditionelle Bekleidungsstück, den Schleier. Sie wehrten sich gegen eine

> *„... “Frauenbewegung von oben“, die die „Befreiung“ der Frauen zum Zwecke der „Modernisierung“ und Anpassung an sich verändernde Verhältnisse propagieren ...*“[195]

Eine Modernisierung, die nach Meinung vieler Frauen und Männer gleichzeitig die Frau zu einem Sexualobjekt degradieren sollte. Den Sinn dieser Abwertung der Frau als „wirkliche“ Person sieht Bani in der „Verschleierung“ der real bestehenden Verhältnisse.

> *„Die Degradierung der Frau zum Sexualobjekt geschieht mit dem Ziel, die Menschen so zu beschäftigen, daß sie nicht begreifen, in welchem Zustand der Ausbeutung und Unterdrückung sie leben.*“[196]

So wurde die vom Schah verordnete westliche Kleidung von Teilen der Bevölkerung abgelehnt, als Ausdruck der Zerstörung der eigenen kulturellen Identität, die sich zugunsten einer fremdbestimmten auflösen sollte.

Der Schleier wurde als Widerstandsobjekt neu entdeckt und in den Anti-Schah-Demonstrationen unbedenklich getragen. Er wurde zum

> *„...Symbol des Widerstandes der Frauen gegen das „Scha-Regime", zum Symbol der kulturellen Identität des islamischen Iran gegenüber der Penetrationspolitik des westlichen Kulturimperialismus."*[197]

In all den Monaten der iranischen Revolution nahmen die verschleierten und unverschleierten Frauen an den großen Demonstrationen teil.

In Sprechchören forderten sie die Abdankung des Schahs, die Vertreibung des US-Imperialismus und die nationale Souveränität. Es wurden Parolen gerufen wie, „Unsere Fahne im Kampf gegen das Schahregime ist der Schleier bzw. das Kopftuch!", „Fatima statt Farah" und „Nieder mit dem Regime".[198]

Mit Blumen und Khomeinibildern zogen sie durch die Teheraner Straßen und unterstützen den Kampf gegen das despotische Regime, das nur noch von der Gnade des Westens leben konnte, bis selbst dieser den Schah fallen ließ.

> *„Zu Zehntausenden beteiligten sie sich an den Massendemonstrationen, organisierten aber auch Stadtteilkomitees und nahmen an der Verteilung knapper lebenswichtiger Güter in ihren Wohnviertel teil. Ihre Präsenz war nicht zu übersehen – doch ebenso wenig die Tatsache, daß sich alle diese Aktivitäten weitgehend unter dem Tschador („des Kleids der Verachtung") abspielten."*[199]

Nach Schuckar und Gholamsad wurde der schwarze Schleier von iranischen Linken wie folgt als Widerstandobjekt legitimiert.

1. Verneinung des westlichen Kulturimperialismus, der die Frauen nur als Sexualobjekt betrachtet. Der Rückgriff auf den Schleier

ist ihrer Meinung entsprechend mit einem „emanzipatorischen" Schritt gleichzusetzen.

2. „Erleichterung bestimmter „subversiver" Aktivitäten", dazu zählen die Beförderung von Flugblättern, Nachrichten und Waffen etc.
3. Die iranischen Linken schränken dann ein, dass der Schleier nur von sekundärer Bedeutung gewesen sei, primär entscheidend sei die Beteiligung der Frauen am Kampf überhaupt gewesen.
4. Der gemeinsame Kampf habe das Bewusstsein der Frauen verändert, so dass sie nach der Revolution für ihre eigenen Rechte eintreten könnten.[200]

Die beiden Autorinnen warnen zu Recht vor diesen Rechtfertigungsversuchen, denn

> *„... ein Kleidungsstück, das im Bewußtsein der iranischen Männer und Frauen bisher nie ein Symbol für politischen Kampf, aber immer ein Symbol für die Ausschließung der Frauen aus allen außerhäuslichen Lebensbereichen war, mit einem Mythos von Familienehre und Scham verbunden ist, kann wohl solange nicht zu einem politischen Kampfsymbol uminterpretiert werden, wie er für die Masse der zum Tragen des Tschadors von Jugend auf gezwungenen Frauen mit zutiefst reaktionären Vorstellungen über die Frauenrolle in der Gesellschaft verbunden ist!"*[201]

Diese Bedenken lassen sich auch nicht dadurch beseitigen, in dem auf die Ausbildung der Frauen an Waffen hingewiesen wird, die sie in den Universitäten und Moscheen erhielten. [202]

Die Beteiligung der Frau mit Schleier und Waffe wurde solange als notwendig und erwünscht angesehen, wie es um den gemeinsamen Kampf gegen das verhasste Schah-Regime ging. Als der Kampf beendet war, verwandelte sich das Zeichen des Widerstandes, der

Schleier in das was er immer schon war, ein Zeichen der Ausgrenzung und Unterdrückung.

5.1.4 Die Islamische Republik Iran

Nachdem der Schah den Iran mit seiner Frau und einiger Getreuen am 16. Januar 1979 in Richtung Assuan in Ägypten verließ, herrschte im Iran Hochstimmung. Die iranischen Völker hatten den Mann vertrieben, der am persischen Golf als Rüstungskammer und Bewacher Nr. 1 westlicher Interessen galt. In ihrem Widerstand hatten sie sich die unterschiedlichsten politischen und religiösen Strömungen u.a. an Ayatollah Khomeini orientiert.
Khomeini hatte 1978 in seinem französischen Exil stets von der Gleichberechtigung von Mann und Frau gesprochen. Nur zu gerne wurde dieser Satz gehört und wollte von ganzem Herzen geglaubt werden. Khomeinis Zusatz, Gleichberechtigung sei möglich, solange die Grundsätze des Islams eingehalten würden, wurde nur am Rande wahrgenommen oder aber gänzlich überhört und als unwichtig abgetan.
Was bisher als einheitlicher Kampf von Frauen und Männer erschienen war, zeigte nun seine Heterogenität. Die schwarz verschleierten Frauen, die als Einheit gegen Gewehre und Panzer des Schahs marschiert waren, sollten nach dem Willen des neuen Führers Ayatollah Khomeini in ihre Familien zurückkehren und sich wie „gute islamische Frauen" verhalten. Ein Teil der Frauen zeigte sich damit einverstanden und kehrte an den „heimatlichen Herd" zurück, andere gingen auf die Straße, um sich gegen das neue Diktat gegen die Freiheit der Frauen zu wehren.
Bereits vier Wochen nach seiner Rückkehr aus seinem Pariser Exil

zeigte sich, was Khomeini unter Gleichberechtigung verstand.
Am 8. März 1979, dem internationalen Frauentag, kam es in Teheran zu riesigen Frauendemonstrationen, die sich in Richtung Justizministerium bewegten. Khomeini hatte einen Tag zuvor verkündet, dass alle Frauen verschleiert am Arbeitsplatz zu erscheinen hätten. Fortan sollte zudem von unverheirateten Sekretärinnen im Regierungsamt ein ärztliches Attest über ihre bestehende Virginität vorgelegt werden.
Trotz Schneetreiben protestierten tausende Teheraner Schülerinnen, Studentinnen und Arbeiterinnen unverschleiert gegen das „islamsche" Gesetz. Unterstützt wurden sie dabei zum Teil von Männern, die sie in ihrer Demonstration und ihrem Protest vor Übergriffen zu schützen suchten.[203] Religiöse Fanatiker griffen die unverschleierten Frauen an beschimpften, bespuckten und verletzten sie und hielten ihn lauthals vor,

„Gegen Tschador = gegen Chomeini = Savak."[204]

Auf „Schwester, es ist der islamische Wille des Volkes , dass du dich bedeckst" folgte alsbald die Drohung „Kopftuch oder Schläge drauf." Das Ende der Freiheit der Andersdenkenden wurde eingeläutet.
Am nächsten Tag fanden erneut Kundgebungen statt, obwohl Khomeini die Frauen, die tags zuvor auf die Straße gegangen waren, als Huren und Prostituierte beschimpfte. Ein Affront und eine Ehrverletzung ohne gleichen , für die um ihre Rechte kämpfenden Frauen.
Bei den Demonstrationen ging es um mehr als um das bloße Tragen bzw. Nichttragen des Schleiers bzw. des Kopftuchs. Es ging letztlich um die Freiheit der Frau im Iran in der Nachschah-Ära.

„Wenn sich jetzt das Diktat des Schleiertragens durchsetzt, ist das der erste Schritt zur Zurückdrängung der Frauen in Haus und Hof – in eine Wert- und Bedeutungslosigkeit."[205]

Khomeini ließ Gegendemonstrationen organisieren, die für das neue „islamische“ Frauenbild plädierten. Mit seinem Bild und dem Tschador demonstrieren sie für die Verschleierung der„guten islamischen“ Frau, die sich nie weigern würde, den Schleier zu tragen.
Zwar versuchte die Regierung, die gegen den Schleier demonstrierenden Frauen zu beruhigen, indem sie behaupteten, das Schleiergebot sei nicht restriktiv gemeint, sondern sei ein Angebot bzw. ein gut gemeinter Rat gewesen, damit sie nicht in den Verdacht geraten würden, gegen die neue Republik zu sein.
Schah und SAVAK waren überwunden. In der Euphorie der Stunde, dem Sieg des Volkes richteten sich die neuen Herrscher ein mit Pasdaran, SAVAMA und Revolutionskomitees. Das Ende des kurzen iranischen Frühlings wurde eingeläutet. Die Verhaftungswelle rollte, ganz nach dem Motto „Die Revolution frisst ihre Kinder.“
Aus dem gut gemeinten Rat der islamischen Kleidung ist mittlerweile kontrollierte Pflicht geworden und zieht bei Nichteinhaltung schärfste Sanktionen nach sich, die von keiner Arbeit bis hin zur Nichtbehandlung in der Klinik reichen. Eine Umkehrung zu Reza Schahs „Entschleierungskampagne“.
Nun nach über dreißig Jahren wachen die islamischen Sittenwächter über die Einhaltung der islamischen Kleiderordnung Irans, den ordnungsgemäßen Tschador, das richtig sitzende Kopftuch in allen Lebensbereichen.
Die Maßnahmen der Islamischen Republik Iran reichen bis ins Ausland. Keine Iranerin bekommt ihren Pass verlängert, keine ausländische Touristin ein Visum, keine Frau, gleich welcher Staatsangehörigkeit eine Eheunbedenklichkeitsbescheinigung zur Vorlage beim ausländischen Standesamt bei der Bestellung des Aufgebots zwecks Eheschließung, wenn sie sich nicht in „islamischer“ Kleidung ablich-

ten lässt. Eine Anweisung, die aus Teheran an alle iranischen Botschaften erging und bis heute strengstens befolgt wird.
Gleiches gilt für die iranische Fluggesellschaft Iran Air. Alle weiblichen Bordmitglieder haben während der Flüge im In- und Ausland islamische Kleidung zu tragen. Das gilt ebenfalls für das iranische Bodenpersonal der Fluggesellschaft im In- und Ausland.
In einem Gespräch sagte mir eine Iranerin, bezüglich des erlebten Umbruchs im Iran:

> *„Ich habe während der Revolution den Schleier als Zeichen der Solidarität mit dem gemeinsamen Kampf gegen das Schah-Regime und dem westlichen Imperialismus getragen, nicht aber für unsere eigene Unfreiheit und Unterdrückung."*

Die iranischen Frauen werden den Schleier bzw. das Kopftuch noch lange als Zeichen ihrer eigenen Unterdrückung tragen müssen.
Der Blick in die Zukunft des Gottesstaates des Imam Khomeini verspricht für die Freiheit des Andersdenkenden und die Einhaltung der Menschenrechte nichts Positives.
Eine Kursänderung der frauen- und menschenverachtenden Politik des totalitären Regimes der Islamischen Republik Iran, der politischen Enkel Khomeinis, ist derzeit nicht in Sicht.

6. RESÜMEE

Der Schleier stellt ein unerschöpfliches Thema dar, das hier unter dem Gesichtspunkt seiner religions- und kulturgeschichtlichen Entwicklung nur ansatzweise beschrieben werden konnte.
1982 hätte ich nicht geglaubt, dass dieses den Frauen zugeschriebene Kleidungsstück selbst noch im 21.Jahrhundert eine derartige Brisanz erfahren sollte, dass ein frauen- und menschenverachtendes Regime wie das der Taliban in Afghanistan in seiner grenzenlosen fundamentalistischen Männerherrschaft die Mädchen und Frauen unter die Burka der Anonymität hinter die sichtbaren und unsichtbaren Mauern ihres Alltags zwingen und sie ihrer Achtung und Würde berauben, dass an türkischen Universität ein Kopftuchverbot erlassen und der so genannte Kopftuchstreit in Europa die Gerichte und Parlamente beschäftigen würde.
Gleich, ob es sich um Hinduismus, Judentum, Christentum oder Islam handelt, stets bleiben mit dem Schleier folgende Merkmale verbunden.
Der Schleier

- richtet sich in erster Linie an die Frau
- lässt auf die Klassen- und Schichtenzugehörigkeit der Trägerin schließen
- ist das Ergebnis geographischer, kultureller, politischer und ökonomischer Bedingungen
- ist das Resultat patriarchalischer Vorstellungen
- kann in bestimmten Situationen Ausdruck des Widerstandes sein
- dient der Unterdrückung und Ausschließung der Frau
- ist das „sichtbare" Gefängnis der Frau
- als Modeerscheinung
- ist das Symbol der Sittlichkeit, Strenggläubigkeit und das Zeichen

für die, in die Welt gebrachte Sünde
- dient als magischer Schutz
- vermittelt das Verhältnis zum anderen Geschlecht und zu Sexualität

Teilweise werden Widersprüche deutlich. So ist der Schleier einerseits das Symbol der Sittlichkeit, ja sogar der Strenggläubigkeit, während er andererseits auf die „Sündhaftigkeit" der Frau verweist.

Der Schleier wurde jeweils seinem Zeitgeist entsprechend neu interpretiert, wobei die Übernahme der Angst vor der weiblichen Sexualität erfolgte.

Eine Angst, die sich in den beschriebenen Religionen zu allen Zeiten niedergeschlagen hat und wohl darin zu suchen ist, dass es sich bei den genannten Religionen um Glaubensrichtungen patriarchalischer Gesellschaften handelt. Der Einfluss der dort bestehenden Wert- und Normvorstellungen auf die religiösen Ansichten ist unvermeidlich.

Die verschiedensten Erscheinungsformen des Schleiers vermögen nicht darüber hinwegzutäuschen, dass es jeweils, die weibliche Sexualität zu verschleiern gilt.

Die patriarchalische Tradition verlangt nach der „Beschneidung" der weiblichen Körperlichkeit. Einer Körperlichkeit, die vom Mann als permanente Bedrohung empfunden wird.

Nicht der Mann bedroht die Frau, sondern die Frau bedroht den Mann, so die Auffassung patriarchalischen Denkens. Um die ständige Versuchung durch die Frau zu verhindern, hat sie sich hinter dem Schleier zu verbergen, der sie zu einer unförmigen Gestalt werden lässt.

Die Sozialwissenschaftlerinnen Benard/ Schlaffer der Universität Wien untersuchten die Apartheid der Geschlechter, die unter Khomeini nach der iranischen Revolution einsetzte. Sie kommen zu dem

Ergebnis, dass der Schleier unmittelbar mit dem Sexualitätsbild dieser Gesellschaft zusammenhängt.

Nach ihrer Auffassung befindet sich die iranische Gesellschaft nicht in einer „Sternstunde kollektiver Gesundheit“, sondern vielmehr in einem Gefühl der Angst seitens der Männer vor ihren Frauen. Dieses Gefühl wiederum ist mit der Unsicherheit gegenüber der eigenen Sexualität vermischt. Die Gründe dafür sehen sie in der Tradition der Segregation, die es den Männern und auch den Frauen nicht erlaubt, ein natürliches Verhältnis zur eigenen und damit verbunden, der anderen Sexualität und Körperlichkeit zu entwickeln.

Damit einhergehend ist

> *„... die Angst vor der Sexualität der Frauen und vor der eigenen Sexualität, die als psychisches Chaos wahrgenommen wird.“*[207]

Der Mann versucht seinerseits der Angst vor dem Frauenkörper, durch dessen Verschleierung, „Herr“ zu werden.

Die Frau wird hier, wie auch in andern Ländern, zum Sinnbild der Sexualität, des alles Verschlingenden.

Es handelt sich um ein Phänomen, das nicht nur für den islamischen Raum charakteristisch ist, sondern allgemein auf „männerdominierte“ Gesellschaften übertragen werden kann.

Die Verführung durch die Frau erscheint als Urbild der Bedrohung für den Mann.

Nur allzu verständlich erscheint da, dass „gute“ Frauen sich gerne dem Willen des Mannes unterordnen und sich nur für ihn „schmücken“, während sie für die anderen männlichen „Wesen“ verhüllt und unsichtbar bleiben. Frauen hingegen, die sich gegen den Schleier wehren, weil sie erkennen, dass er ihre eigene Unfreiheit besiegelt und ihr transportierbares Gefängnis darstellt, werden in streng islamischen Ländern als Prostituierte und Cabaret-Tänzerinnen abge-

stempelt. Frauen also, die in solchen Gesellschaften keine Achtung „verdienen", aber dennoch von Männern gebraucht werden.
Um die Sexualität nicht im Alltag sichtbar werden zu lassen, wird sie aus der Öffentlichkeit entfernt.

> *„Die Frauen, Verkörperung der gefürchteten Sexualität, müssen ungebildet und unerfahren bleiben, sollen das Haus am besten gar nicht verlassen und so wenig wie möglich in Erscheinung treten."*[208]

In der patriarchalischen Vorstellung von der Rolle der Frau als Verführerin steckt jedoch ein Widerspruch.
Einerseits gilt die Frau als potentielle Verführerin, die ihren Lebenssinn in der Verführung des Mannes sieht, während sie unter dem Schleier diese Verführungssucht verliert. Diese Logik ist nicht gerade bestechend, denn woher hat das Stückchen Stoff die geradezu magische Kraft, den angeblich so ausgeprägten Trieb der Frau zur Verführung des Mannes zu beenden? Wohl gemerkt, das ist die Logik patriarchalischen Denkens.
In all den Jahrtausenden wurde diese Logik gezielt von den Religionen zur Durchsetzung ihrer ureigensten Interessen konzipiert und ausgenutzt. Das Patriarchat hat es verstanden, nur solche Gesetze und Vorschriften zu erlassen und zu tradieren, die in ihrem Sinne waren. Im Zuge dieser Vorgehensweise wurden Traditionen und Vorstellungen, die die Frau in den Mittelpunkt stellten und eine positive Bewertung verlangten, verschüttet. Die feministische Theologie bemüht sich das verloren gegangene Erbe zu heben.
Doch wie steht es um das Argument des Schleiers als Zeichen des Widerstandes wie z.B. im Iran?
Zwar lässt sich der Schleier in allen politischen Bewegungen des Iran im 19. und 20. Jahrhundert nachweisen, doch hatte er nie eine wirkliche politische Bedeutung im Sinne eines befreienden und ge-

sellschaftsverändernden Moments. Er diente den Herrschern, und das waren nun einmal Männer, dazu, die iranischen Frauen für ihre Zwecke so zu gebrauchen, wie es den gegebenen Herrschaftsinteressen entsprach.

Die Frauen unterm Schleier waren gut genug für den Waffentransport, für das Rufen von Parolen gegen die Herrscher, für die Arbeit in der Industrie, aber nie für eine Regierungsbeteiligung und gleichberechtigte Stellung.

Auch die iranische Revolution bildet dabei keine Ausnahme. Sie bestätigt vielmehr die Erfahrung, die die Frauen in anderen Befreiungsbewegungen und Revolutionen der Welt machen mussten.

In Algerien, Ägypten und Tunesien kämpften die Frauen ebenso für die Freiheit ihrer Länder, wie die Iranerinnen während der Revolution 1978/79. Ihnen allen wurden die „Früchte ihres Kampfes" versagt. Als die Bewegungen beendet waren, wurden sie in ihre Häuser zurückgeschickt, eventuell für einen späteren Kampf, wenn sie von den Männern wieder gebraucht werden sollten.

Der Schleier, der zum Symbol gegen Fremdherrschaft und Unterdrückung wurde, wandte sich letztlich gegen seine Trägerinnen, was durch die herrschenden Männer und Geistlichkeit mit den Gesetzen des Islams legitimiert wurde. Mit Gesetzen, die sie ihren Herrschaftsansprüchen entsprechend handhabten und mit aller Kraft durchzusetzen suchten. Einem Islam, der nichts mit dem Islam des Ursprungs zu tun hat.

Denn, so Saadawi, nicht der Islam ist daran schuld,

> „.... *daß die Frauen in unseren Gesellschaften* (Saadawi meint damit die arabische Welt) *einen so niedrigen Status haben und in so geringem Maße am Fortschritt teilhaben dürfen, sondern viel mehr bestimmte wirtschaftliche und politische Kräfte: der von außen her einwirkende Imperialismus fremder Mächte und die*

im Inneren bestimmenden reaktionären herrschenden Schichten. Diese beiden Kräfte arbeiten Hand in Hand und bewirken jene Falschinterpretationen der Religion, die es erst möglich machen, sie als Mittel der Einschüchterung, Unterdrückung und Ausbeutung nutzen zu können."[206]

Wer die Ereignisse im Iran zu beurteilen sucht, sollte sich die Worte Saadawi vergegenwärtigen, um nicht dem Trugschluss zu verfallen, dass die dortigen Verhältnisse alleiniges Ergebnis des Islam oder des Schiismus seien.

Solange die Rolle und Wertigkeit von Mann und Frau von fundamentalistischen Kräften in einer Gesellschaft festgelegt wird, ist eine Änderung nur schwerlich möglich.

Gesellschaftsschichten, die das Privileg haben, Gedanken zu produzieren, die sich gegen eine Veränderung der Frauenstellung, ja des Frauenseins selbst richten, sind dabei nicht allein das Problem der islamischen Welt, sondern umspannen den gesamten Erdball.

„*Ob in den arabischen Ländern, ob im Westen oder im Fernen Osten – eine wirkliche und vollständige Befreiung der Frau wird erst möglich sein, wenn die Menschheit endgültig Schluß macht mit der Klassengesellschaft, der Ausbeutung und wenn auch die letzten Spuren des patriarchalischen Systems, seiner Strukturen und Werte, aus dem Leben und Denken der Menschen getilgt sind.*"[209]

Der Widerstand gegen den sichtbaren und unsichtbaren Schleier männerdominierter Gesellschaften und ihrer Institutionen muss von allen Frauen der Welt geführt werden, wenn sie wirkliche Gleichberechtigung erreichen wollen.

Das folgende Gedicht des iranischen Dichters Aref Qaswini wurde in den frühen zwanziger Jahren des 20. Jahrhunderts geschrieben und hat bis zum heutigen Tag nicht an Aktualität verloren.

WIRF DEN SCHLEIER AB UND
BEWEIS DEN IRRTUM DESSEN, DER
GESAGT HAT, DEIN GESICHT GLEICHE
DEM MOND.

ZERREIß DIESEN SCHLEIER UND KOMM
ENDLICH HERVOR WIE DIE SONNE
AUS DER WOLKE.

DENN DIE ZIVILISATION BLEIBT AUF HALBEN
WEG STEHEN,
WENN DU NICHT KOMMST!

DU WIRST DIESES KLEID DER VERACHTUNG ABLEGEN
UND DEIN HAUPT ENTHÜLLEN,
SO WIE DIE BLUME IHR HAUPT
AUS DER ERDE ERHEBT, SOLANGE
ES PFLANZEN GIBT.

Aref Qaswini

7. ANMERKUNGEN

1) vgl. Léon Poliakov, Geschichte des Antisemitismus. Bd. I. Von der Antike bis zu den Kreuzzügen, 2. unveränd. Aufl. 1979, S. 56 ff und Joachim Leuschner, Deutschland im späten Mittelalter, Göttingen 1975, S. 39
2) R. Brasch, Dreimal schwarzer Kater. Aberglaube, Sitten und Gewohnheiten und ihre merkwürdigen Ursprünge, Wiesbaden 1979, S. 121
3) Simone de Beauvoir, Das andere Geschlecht. Sitte und Sexus der Frau, 5. Aufl. Reinbek bei Hamburg 1980, S. 510
4) Harald Vocke, Der Islam - Unzugänglich wie ein verschlossenes Tor. Eine Annährung. in: Melvin J. Lasky (Hg.), Nahost in Flammen. Araber, Juden und neue Hoffnungen für den Frieden, Weinheim&Basel 1982, S. 51
5) vgl. Adel Th. Khoury, Zur heutigen Renaissance des Islam, in: Michael Fitzgerald, Adel Th. Khoury, Werner Wanzura (Hg.), Renaissance des Islam - Weg zur Begegnung oder zur Kon frontation? Graz, Wien, Köln 1980, S. 11
6) Marcel A. Boisard, Der Humanismus des Islam, Kaltbrunn 1982, S. 11
7) vgl. Buchard Brentjes, Unter Halbmond und Stern. Der Islam - Religion, Weltanschauung oder Lebensweise? 2. Aufl. Berlin (DDR) 1981, S. 101
8) vgl. Buchard Brentjes, ebd. , S.102
9) Den Begriff „unterentwickelt gehaltene Länder“ wird im Sinne Ravasanis verwandt. Er versteht die „Dritte Welt“ als Ergebnis des kapitalistischen Imperialismus und lehnt die Bezeichnung „freie und unabhängige Nationalstaaten“ ab. Denn, *„In Wirklichkeit sind die politischen und ökonomischen Spitzen*

dieser Staaten ausländischem Kapital unterworfen."
Auch wenn „unterentwickelt" bereits eine Wertung in sich zu tragen scheint, ist es wertneutral zu verstehen. vgl. Schapour Ravasani, Iran (Vorwort Professor Ulrich Albrecht), Stuttgart 1978, S.20

10) Nawal el Saadawi, Tschador - Frauen im Islam, Bremen 1980, S. 78
Die ägyptische Ärztin arbeitete bis 1972 im ägyptischen Gesundheitsministerium. Aufgrund ihres ersten Sachbuches, Frau und Sexualität (1972), wurde sie entlassen. Es folgten zahlreiche Verhaftungen, da sie sich immer wieder für die Befreiung der Frauen in der arabischen Welt einsetzte.

11) ebd., S. XVI

12) vgl. Herta Däubler-Gmelin, Frauenarbeit oder Reserve zurück an den Herd! Reinbek bei Hamburg 1977

13) Patriarchalische Welt wird hier als ein Gesellschaft- und Wirtschaftssystem verstanden, das männlich geprägt ist. Dieses äußert sich u.a. in der Rechtsprechung, dem Verhältnis zur Natur und einem aggressiven Verhalten gegenüber „Emotionen". Profit und Leistung bilden die höchsten Instanzen für die patriarchalische Welt. Frauen werden geduldet, wenn sie sich diesen Gegebenheiten anpassen.

14) Unter Emanzipation verstehe ich nicht die Übernahme der männlichen Rolle, sondern die Befreiung aus dem Zustand der Abhängigkeit. In diesem Zusammenhang stellt E. Moltmann-Wendel 10 Thesen zur Emanzipation der Frau auf, von denen hier nur eine angeführt werden soll.

> *„Emanzipation des Mannes ist nicht identisch mit Emanzipation der Frau. Man sollte sie nicht vermischen, da sie beide von verschiedenen Voraussetzungen ausgehen. Eine Frau,*

die sich ihrer Unterdrückung und ihrer möglichen Befreiung bewußt ist, wird aber zugleich einen geschärften Blick für die Unfreiheit des Mannes und die Unterdrückung anderer Randgruppen in unserer Gesellschaft be- kommen. Ihre eigene Freiheit wird stets ein Engagement für die Freiheit anderer sein."

Elisabeth Moltmann-Wendel, Freiheit, Gleichheit, Schwester lichkeit. Zur Emanzipation der Frau in Kirche und Gesell schaft, 2. Aufl. München 1978, S.72

15) vgl. R. Brasch, a.a.O., S. 48 f.

16) vgl. ebd., S. 49 und RGG, Bd. 5,3. völlig neu bearb. Aufl. Tübingen 196, unter „Schleier"

17) vgl. Vincent Crapanzano, Die Hamadša. Eine ethno- psychiatrische Untersuchung in Marokko. Mit einer Einführung v. Paul Parin, Stuttgart 1981, S. 249 f.

18) vgl. Gottfried Simon, Die Welt des Islams und ihre Berührungen mit der Christenheit, Gütersloh 1948, S. 78

19) vgl. Johannes Leipoldt, Die Frau in der Antiken Welt und im Urchristentum, Leipzig 1954, S. 173

20) vgl. Johannes Leipoldt, ebd., S. 173

21) Beim Tschador handelt es sich um den im Iran üblichen Körperschleier. vgl. Nawal el Saadawi, a.a.O., S. VIII

22) vgl. Wiebke Walther, Die Frau im Islam, Stuttgart, Berlin, Köln, Mainz 1980, S. 180

23) vgl. Klaus Thimm in: Klaus Thimm und Schahnas Aalami, Die muslimische Frau zwischen Tradition und Fortschritt, Frauenfrage und Frauenentwicklung in Ägypten und Iran, Berlin 1976, S. 19

Auch Schamah erklärt in seiner Dissertation„Higāb" wie folgt:

wie folgt: „*Das Wort hiǧāb bedeutet im weitesten Sinne die Abschließung von der Öffentlichkeit durch künstliche Hindernisse, im engsten Sinne dieses Hindernis selbst.*"
vgl. Muhammad Schamah, Die Darstellung der Frau im sunnitischen Islam unter besonderer Berücksichtigung Ägyptens, Berlin 1968 (Diss.), S. 49

24) vgl. Wiebke Walter, a.a.O., S. 169

25) Abā ist eine Art Umhang, der vielfach von Frauen und Männern in Kurdistan getragen wird. vgl. Henny Harald Hansen, The kurdish Woman's life. Field Research in a muslim society, Iraq, København 1961, S. 73 f.

26) Wiebke Walter, a.a.O., S. 177
Die Aussagen, die Walther über Farbe des Schleiers und Verschleierung der Frau auf dem Lande macht, sind zu relativieren. Walther beschreibt die starken „Modeschwankungen", denen die weiblichen Kopfbedeckungen unterworfen waren und geht dabei auf die einzelnen Modekuriositäten ein. vgl. ebd., S. 170

27) vgl. H. Junker, B. Alawi, Persisch-Deutsches Wörterbuch, Leipzig 1968, S. 224

28) vgl. Stern, 8. Februar 1979, S. 64
Walther verzichtet ebenfalls auf eine Differenzierung des iranischen Schleiers und den Hinweis auf seine schichtenspezifische Bedeutung. vgl. Wiebke Walther, a.a.O., S. 177

29) vgl. Omol Bani, Fatima statt Farah. Erfahrungen einer Frau in der iranischen Revolution, Tübingen 1980, S. 69
Bani beschreibt einen Vorfall als sie mit einem schwarzen Tschador bekleidet das Armenviertel Südteherans während der Revolution aufsuchte. Die Bewohner dort ordneten sie auf Grund ihres schwarzen Tschadors als Bewohnerin des reichen

Nordteherans ein, da sie sich selbst einen derartig teuren Stoff nicht hätten leisten können.

30) vgl. Michael Naumann; Josef Joffe, Teheran - Eine Revolution wird hingerichtet. Dokumente und Reportagen aus Die Zeit, München 1980, S. 96

31) vgl. Irmhild Richter-Dridi, Frauenbefreiung in einem islamischen Land - ein Widerspruch? Das Beispiel Tunesien, Frankfurt a.M. 1981, S. 239

32) vgl. Lexikon der islamischen Welt. Hrsg. Von Klaus Kreiser, Werner Diem, Hans-Georg Majer, Stuttgart, Berlin, Köln, Mainz 1974, 3 Bd., unter „Schleier".

33) Ruth Frances Woodsmall, Der Aufstieg der mohammedanischen Frau, Erlenbach-Zürich und Leipzig o.J. Aus dem Vorwort geht hervor, dass das Buch etwa 1938 entstanden sein muss.

34) vgl. Nordwest Zeitung, „Sari aus Pakistans Behörden verbannt.", 9.1.1982

35) vgl. Ruth Frances Woodsmall, a.a.O.

36) vgl. Peter Antes, Ethik und Politik im Islam, Stuttgart, Berlin, Köln, Mainz 1982, S. 57

37) Rudi Paret, Mohammed und der Koran. Geschichte und Verkündigung des arabischen Propheten, 4. Aufl. Stuttgart, Berlin, Köln, Mainz 1976, S. 81

38) vgl. Gottfried Simon, a.a.O., S. 191 und S. 78

39) vgl. Ermute Heller, Die Situation der Frau in der islamischen Gesellschaft, in: Im Namen Allahs. Der Islam - eine Religion im Aufbruch? Hrsg. Von Axel Buchholz und Martin Geiling, Frankfurt a.M., Berlin, Wien 1980, S. 78

40) vgl. Herder Neues Volkslexikon, Freiburg, Basel, Wien 1974 unter „Indien" und vgl. Karl-Heinz Golzio, Der Hinduismus in:

Harenberg Lexikon der Religionen. Die Religionen und Glaubensgemeinschaften der Welt. Ihre Bedeutung in Alltag, Geschichte und Gesellschaft. Dortmund 2002, S. 548

41) Friedrich Heiler, a.a.O., S. 47

42) ebd., S. 50

43) ebd., S. 56

44) Ruth Erlbeck, Frauen in Indien, Münster 1978, S. 28

45) Friedrich Heiler, a.a.O., S. 56

46) vgl. ebd., S. 56

47) Benigma Rose-Marie Berger, Der Wandel sozialer Rollen in Tunesien - Eine Untersuchung über die tunesische Industriearbeiterin, Freiburg i. Br. 1967 (Diss.), S. 7

48) vgl. Ruth Erlbeck. S. 28

49) vgl. „Große Konkordanz zur Lutherbibel", Stuttgart 1979 unter „Schleier".

50) L. Schäppi: Die Stellung der Frau im Judentum, im Islam und im Christentum, in: Judaica, S. 106

51) vgl. 1. Sam 18, 20

52) vgl. Reclams Bibellexikon, hrsg. v. Klaus Koch u.a. Stuttgart 1978, unter „Schleier".

53) Die Bibel in heutigem Deutsch. Die Gute Nachricht des Alten und Neuen Testaments ohne die Spätschriften des Alten Testaments (Deuterokanonische Schriften/ Apokryphen), 2. durchgesehene Auflage Stuttgart 1982

54) Im Mittelalter durfte die Prostituierte den Schleier nicht länger tragen oder sie hatte ihn durch eine besondere Farbe oder Bänder kenntlich zu machen.

55) vgl. Reclams Bibellexikon, a.a.O., unter „Prostitution"

56) Eduard Lohse, Umwelt des Neuen Testaments, Göttingen

1971, S. 108

57) vgl. Johannes Leipoldt, Jesus und die Frauen. Bilder aus der Sittengeschichte der alten Welt, Leipzig 1921, S. 6

58) vgl. Erhard S. Gerstenberger, Wolfgang Schrage, Frau und Mann, Stuttgart, Berlin, Köln, Mainz 1980, S. 86

59) vgl. Johannes Leipoldt, Jesus und die Frauen, a.a.O., S. 3 f.

60) Walter Grundmann, Das palästinensische Judentum im Zeitraum zwischen der Erhebung der Makkabäer und dem Ende des Jüdischen Krieges, in: Johannes Leipoldt und Walter Grundmann, Umwelt des Urchristentums. I. Darstellung des neutestamentlichen Zeitalters. 3. ergänzte Aufl. Berlin 1971, S. 175

61) Hanna Wolff, Jesus der Mann. Die Gestalt Jesu in tiefenpsychologischer Sicht, Stuttgart 1975, S. 76

62) J. Jeremias, Jerusalem zur Zeit Jesu, 3. Aufl. 1963, S. 395

63) vgl. Lexikon der islamischen Welt, Bd. 2, a.a.O., unter „Harem“ und Gerta Scharffenorth, Klaus Thraede, Freunde in Christus werden. Kennzeichen Bd. 1, Gelnhausen, Berlin 1977, S. 91

64) vgl. J. Jeremias, Jerusalem …, a.a.O., S. 396

65) ebd., S. 397

66) vgl. ebd., S. 398 f. und Johannes Leipoldt, Jesus und die Frauen, a.a.O., S. 105

67) Der weißblühende Zweig der Myrte wird auch heute noch als Brautschmuck verwendet. Ursprünglich durfte er nur von den Frauen als Brautkranz getragen werden, die als Jungfrauen vor den Traualtar traten.

68) vgl. Elisabeth Moltmann-Wendel, a.a.O., S. 10 f.

69) vgl. Elizabeth Gould Davis, Am Anfang war die Frau. The first sex. 3. Aufl. München 1980, S. 192

In einer Schrift der EKD wird ebenfalls auf die Frauenbildung und ökonomische Unabhängigkeit der Frau verwiesen, die im griechischen Kulturkreis nicht ungewöhnlich war.
vgl. Kirchchenkanzlei im Auftrag des Rates der EKD: Die Frau in Familie, Kirche und Gesellschaft. Eine Studie zum gemeinsamen Leben von Frau und Mann, Gütersloh 1979, S. 31

70) vgl. Hans Conzelmann, Andreas Lindemann, Arbeitsbuch zum Neuen Testament, 3. wiederum durchges. und verb. Aufl. Tübingen 1977, S. 130

71) vgl. Elisabeth Moltmann-Wendel, a.a.O., S. 11 und Kirchenkanzlei im Auftrag des Rates der EKD, a.a.O., S. 31

72) vgl. Hans Conzelmann, Andreas Lindemann, a.a.O., S. 130 f.

73) vgl. Johannes Leipoldt, Jesus und die Frauen, a.a.O., S. 1 f. und S. 105

74) vgl. Paul Wendland, Die hellenistisch-römische Kultur in ihren Beziehungen zum Judentum und Christentum, 4. Aufl. erweitert um eine Bibliographie von Heinrich Dörrie,Tübingen 1972, S. 225

75) vgl. Elisabeth Moltmann-Wendel, Freiheit..., a.a.O., S. 17 f.

76) vgl. Gert Otto (Hg.) Sachkunde Religion, 5. ergänzte Aufl. Stuttgart, Berlin, Köln, Mainz 1977, S.70 und vgl. Günter Bornkamm, Paulus. 3, erneut durchgseh. Aufl. Stuttgart, Berlin, Köln, Mainz 1977, S. 10 und S. 85-94

77) vgl. Johannes Leipoldt, Jesus ..., a.a.O., S. 107

78) vgl. K. Thraede, Ärger mit der Freiheit. – Die Bedeutung von Frauen in Theorie und Praxis der alten Kirche in: G. Scharffenorth und K. Thraede; „Freunde in Christus werden". Die Beziehung von Mann und Frau als Frage an Theologie und Kirche, Kennzeichen Bd. 1, Gelnhausen - Berlin 1977, S. 102 ff. und S. 105

79) vgl. Elisabeth Schüssler-Fiorenza, Der Beitrag der Frau zur urchristlichen Bewegung, in: Willy Schottroff und Wolfgang Stegemann, Traditionen der Befreiung. Sozialgeschichtliche Bibelauslegungen, Bd. 2 Frauen in der Bibel, München, Gelnhausen 1980, S. 60 - 90

80) vgl. Mary Daly, Kirche, Frau und Sexus, Olten 1970, S. 49

81) vgl. Kirchenkanzlei im Auftrag der EKD, a.a.O., S. 32

82) vgl. Paul Wendland, a.a.O., S. 242

83) vgl. Alicia Craig Faxon, Frauen im Neuen Testament. Vom Umgang Jesu mit Frauen, München 1979, S. 91

84) ebd., S. 90

85) Elisabeth Schüssler-Fiorenza, Die Frauen in den vorpaulinischen und paulinischen Gemeinden, in: Bernadette Brooten und Norbert Greinacher (Hg.), Frauen in der Männerkirche, München 1982, S. 112

86) Eine umfassende Definition des Begriffs „Sexismus" gibt Marielouise Janssen-Jurreit.

„Sexismus" war immer Ausbeutung, Verstümmelung, Vernichtung, Beherrschung, Verfolgung von Frauen. Sexismus ist gleichzeitig subtil und tödlich bedeutet die Verneinung des weiblichen Körpers, die Gewalt gegenüber dem Ich der Frau, die Achtlosigkeit gegenüber ihrer Existenz, die Enteignung ihrer Gedanken, die Kolonialisierung und Nutznießung ihres Körpers, den Entzug der eigenen Sprache bis zur Kontrolle ihres Gewissens, die Einschränkung ihrer Bewegungsfreiheit, die Unterschlagung ihres Beitrags zur Geschichte der menschlichen Gattung."

Marielouise Janssen-Jurreit, Sexismus. Über die Abtreibung der Frauenfrage, 2. Aufl. Frankfurt a.M. 1980, S. 702

87) Hartwig Thyen, „ … nicht mehr männlich und weiblich..." .

Eine Studie zu Galater 3,28 in: Frank Crüsemann, Hartwig Thyen, Als Mann und Fraugeschaffen – exegetische Studien zur Rolle der Frau, Gelnhausen und Berlin 1978, S. 180

88) Hans Conzelmann, Der erste Brief an die Korinther, 2. überarbeitete und ergänzte Aufl. dieser Auslegung. 12. Aufl. Göttingen 1981, S. 225

89) vgl. ebd., S. 231

90) vgl. ebd., S.231

91) vgl. ebd., S. 221 – 234

92) vgl. Walter Schmithals, Die Gnosis in Korinth. Eine Untersuchung zu den Korintherbriefen. Dritte, bearbeitete und ergänzte Aufl. Göttingen 1969, S. 225

93) vgl. ebd., S. 230

94) vgl. Hartwig Thyen, „... nicht mehr männlich..." a.a.O., S.181

95) vgl. Elisabeth Motlmann-Wendel, Freiheit, ...a.a.O., S. 23

96) vgl. Johannes Leipoldt, Die Frau in der antiken Welt ..., a.a.O., S. 118

97) vgl. Hartwig Thyen, „ ... nicht männlich ...", a.a.O., S. 182

98) vgl. Mary Daly, a.a.O., S. 146 – 149

99) vgl. Hartwig Thyen, „... nicht männlich ...", a.a.O., S. 183

100) vgl. Karlheinz Deschner, Das Kreuz mit der Kirche. Eine Sexualgeschichte des Christentums, 4. Aufl. Düsseldorf 1980, S. 68

101) vgl. G. Delling,Paulus Stellung zu Frau und Ehe.1931, S.108f.

102) vgl. Herders Neues Volkslexikon, a.a.O., unter „Tertullian"

103) vgl. Friedrich Heiler, a.a.O., S. 137

104) ebd., a.a.O., S. 183

105) vgl. Iris Müller, Unterschwellige Vorurteile in: Publik - Forum Nr. 23/ 1979, S. 25

106) Eine Übersicht über die katholischen Frauenorden findet sich

unter http://de.wikipedia.org/wiki/Frauenorden

107) Elisabeth Gould Davis, a.a.O., S. 233

108) Anke J. Jelsma, Heilige und Hexe. Die Stellung der Frau im Christentum. Konstanz 1977, S. 23

109) vgl. Hartwig Thyen, a.a.O., S. 185

110) Friedrich Heiler, a.a.O., S. 84

111) Ruth Frances Woodsmall, a.a.O. S. 55 f.

112) Rudi Paret, Mohammed und …, a.a.O., S. 9

113) Demond Stewart, Islam. Die mohammedanische Staatenwelt, 2. Aufl. Reinbek bei Hamburg 1975, S.12

114) vgl. Hermann von Wissmann, Bauer, Nomade und Staat im islamischen Orient, in: Rudi Paret (Hg.), Die Welt des Islam und die Gegenwart, Stuttgart 1961, S. 40

115) vgl. Rudi Paret, Mohammed und …, a.a.O., S. 10

116) vgl. Peter Meinold. Die Religionen der Gegenwart. Ihre Herkunft - ihre Besonderheiten - ihr Beitrag zur Lösung der Weltprobleme. Mit einem vergleichenden Themenregister, Freiburg in Br. 1978,. S. 290

117) vgl. Nawal el Saadawi, a.a.O., S. 107 f.

118) vgl. Muhammad Schamah, a.a.O., S. 16

119) Tibi verweist auf die Professoren Garische und Zaibaq der Universität Medina, die diesen Begriff auf die Gegenwart aus dehnen. Sie *„… nennen das 20. Jahrhundert einfach das Zeitalter der Ignoranz (gahiliyya).“*

vgl. Bassam Tibi, Die Krise des modernen Islams. Eine vorindustrielle Kultur im wissenschaftlichtechnischen Zeitalter, München 1981, S. 42 f.

120) Nawal el Saadawi, a.a.O., S. 112

121) Salma Galal, Emanzipationsversuche der ägyptischen Frau, Münster 1977, S.119

122) vgl. Wiebke Walther, a.a.O., S. 41
123) vgl. Muhammad Schamah, a.a.O., S. 16
124) vgl. Ilse Seibert, Die Frau im Alten Orient, Leipzig 1973, S.8
125) Irmhild Richter-Dridi, a.a.O., S. 34
126) vgl. Rosemarie Höll, Die Stellung der Frau im zeitgenössischen Islam; dargestellt am Beispiel Marokkos, Frankfurt a.M. 1973, S. 57
127) vgl. ebd., S. 57
128) vgl. R. Brasch, a.a.O., S. 134 f.
129) vgl. Reclams Bibellexikon, a.a.O., unter „Haar".
130) Rosemarie Höll, a.a.O, S.36
131) vgl. Irmhild Richter- Rridi, a.a.O., S. 85
132) vgl. Werner Wanzura, Anleitung zum Lesen des Korans, in: Michael Fitzgerald, Adel Th. Khoury, Werner Wanzura (Hg.), Moslems und Christen - Partner? Graz, Wien, Köln 1976, S. 63
133) vgl. Muhammad Schamah, a.a.O., S. 19
134) vgl. ebd., S. 52
135) Der Koran, Kommentar und Konkordanz von Rudi Paret. Mit einem Nachtrag zur Taschenbuchausgabe. Stuttgart, Berlin, Köln, Mainz 1980. Alle folgenden Koranstellen werden in der Übersetzung Parets verwandt und als solche nicht gesondert ausgewiesen.
136) vgl. ebd., S. 94
137) Adel Th. Khoury, Begegnung mit dem Islam. Eine Einführung. Freiburg in Br. 1980, S. 94
138) vgl. Wiebke Walther, a.a.O., S. 41
139) Nawal el Saadawi, a.a.O., S. 125 f.
140) vgl. Vincent Crapanzano, a.a.O., S. 294 f.
141) vgl. John Laffin, Islam. Weltbedrohung durch Fanatismus. München 1980, S. 125

142) Rosemarie Höll, a.a.O., S. 71

143) vgl. Sure 33:32

144) vgl. Wiebke Walther, a.a.O., S. 40 und Irmhild Richter-Dridi, a.a.O., S. 67

145) vgl. Dietlinde Leßner, Zur sozialen Lage der Frauen in Entwicklungsländern. Eine Fallstudie: Algerien, Paris 1977, S. 54.

146) Annemarie Schimmel in: Der Koran,aus dem Arabischen übertragen von Max Henning. Einleitung und Anmerkungen von Annemarie Schimmel, Suttgart 1960, S. 400

147) vgl. Rosemarie Höll, a.a.O., S. 72.

148) vgl. Vincent Crapanzano, a.a.O., S. 144

149) Rosemarie Höll, a.a.O., S. 72

150) vgl. ebd., S. 72

151) vgl. Muhammad Schamah, a.a.O., S. 53

152) vgl. Erika Knabe, a.a.O., S. 41

153) Nawal el Saadawi, a.a.O., S. 6

154) vgl. Youssef el Masry, Die Tragödie der Frau im arabischen Orient. München 1963, S. 106. El Masry betont, dass all diese Religionen aus dem Orient stammen und die gleiche frauen-Feindliche Haltung einnehmen.

155) vgl. Klaus Timm/ Schahnas Aalami, a.a.O., S. 16

156) Cheryl Benard, Edit Schlaffer, Die ganz gewöhnliche Gewalt in der Ehe. Texte zu einer Soziologie von Macht und Liebe, 4. Aufl. Hamburg 1980, S. 18

157) Nawal el Saadawi, a.a.O., S. 91

158) vgl. ebd., S. 100

159) Ermute Heller, a.a.O., S. 78

160) Nawal el Saadawi, a.a.O., S. IV

161) Muhammad S. Abdullah, Die islamische Frau zwischen Tradition und Emanzipation. In: Michael Fitzgerald, Adel Th. Khou-

ry. Werner Wanzura (Hg.), Mensch, Welt, Staat im Islam, Graz, Wien, Köln 1977, S. 33 f.

162) vgl. H. Junker, B. Alawi, a.a.O., unter „Parde“

163) vgl. Erika Knabe, a.a.O., S. 135

164) ebd., S. 136

165) vgl. Dietlinde Leßner, a.a.O., S. 54

166) vgl. Irmhild Richter-Dridi, a.a.O., S. 56

167) vgl. Mohammad Schamah, a.a.O., S. 51

168) Maulana Mohammad Ali, The Religion of Islam. A comprehensive discussion of the sources, Principles and Practices of Islam. Lahore - Pakistan 1950, S. 655f.

169) Nawal el Saadawi, a.a.O., S. 124

170) ebd., S. 120

171) Abdol Hossein Behrawan, Iran: Die programmierte Katastrophe. Anatomie eines Konflikts. Frankfurt a.M. 1980, S. 11

172) vgl. Schapour Ravasani, Iran, a.a.O., S. 55 - 65

173) vgl. Schapour Ravasani, Sowjetrepublik Gilan. Die sozialistische Bewegung im Iran seit Ende des 19. Jh. bis 1922, Berlin o.J., S. 28

174) vgl. „DER SPIEGEL“, Nr. 50/ 1978, S. 146

175) vgl. Abdol Hossein Behrawan, a.a.O., S. 15

176) vgl. Internationalismus Kollektiv, Frau und Revolution im Iran, Hannover 1980, S. 6

177) vgl. Abdol Hossein Behrawan, a.a.O., S. 15 und Schapour Ravasani, Sowjetrepublik Gilan, a.a.O., S. 28

178) vgl. Fred Halliday, Iran im Zeichen der Revolution. In: Brennpunkt Mittel-Ost. Mit Beiträgen von Fred Scholz u.a., Stuttgart, Berlin, Köln, Mainz 1981, S. 191

179) vgl. Susanne Heim, Frauen im Iran. In: Autonomie, „Der Iran“, 5/79, S. 40

180) Internationalismus Kollektiv, a.a.O., S. 4

181) vgl. Erika Knabe, a.a.O., S. 137

182) Ruth Frances Woodsmall, a.a.O., S. 46

183) vgl. ebd., S. 46

184) ebd., S. 42

185) ebd., S. 42

186) Internationalismus Kollektiv, a.a.O., S. 6

187) Ruth Frances Woodsmall, a.a.O., S. 41

188) vgl, „Iran: Aufruhr gegen den Kaiser“, in: DER Spiegel Nr. 15/ 1978, S. 134 - 138 sowie Richard Blank (Hg.), Schah Reza - der letzte deutsche Kaiser. Dokumente aus der Regenbogenpresse, Reinbek bei Hamburg 1979

189) vgl. Fred Halliday, Iran. Analyse einer Gesellschaft im Entwicklungskrieg, Berlin 1979, S. 19 – 27, und Schapour Ravasani, Iran, a.a.O., S. 100 - 108

190) vgl. Ervand Abrahamianm, Die Guerilla-Bewegung im Iran von 1963 bis 1977 in: Berliner Institut für vergleichende Sozialforschung (Hg.), Religion und Politik im Iran. Mardon nameh - Jahrbuch zur Geschichte und Gesellschaft des Mittleren Orients, Frankfurt a. M. 1981, S. 337 - 360

191) vgl. CISNU (Conföderation iranischer Studenten Nationalunion) (Hg.), Folter im Iran, Westberlin o.J.

192) Buchard Brentjes, a.a.O., S. 72 f.

193) Dieser Film wurde im Frühjahr 1980 von der ARD ausgestrahlt und liegt als Text vor, vgl. Marie-Claude Deffarge, Gordian Troeller, Freiheit unter dem Schleier in: Frauen der Welt, 2. Aufl. Frankfurt a. M. 1984, S. 87 - 119

194) vgl. Internationalismus Kollektiv, a.a.O., S. 9 f.

195) vgl. ebd., S. 10

196) Omol Bani, a.a.O., S. 58

197) vgl. CISNU (Conföderation iranischer Studenten Nationalunion), Frauen im Iran, Hannover 1979, S. 38

198) „DER SPIEGEL", Nr. 4/1979. S. 109

199) Internationalismus Kollektiv, a.a.O., S.10

200) vgl. Monika Schuckar und Massudeh Gholamsad, „Wir haben keine Revolution gemacht für den Rückschritt!" Frauenkämpfe im ersten Jahr der islamischen Republik Iran, in: Sozialwissenschaftliche Forschung und Praxis für Frauen e.V.(Hg.), Beiträge 3. Zur feministischen Theorie und Praxis: Frauen und „Dritte Welt", München 1980, S. 7

201) vgl. CISNU, Frauen im Iran, a.a.O., S. 39

202) vgl. Fotomaterial in Michael Naumann und Josef Joffe, a.a.O., ohne Seitenzahl

203) Erich Wiedmann, „Kopftuch auf oder Schläge drauf." In „Der SPIEGEL", Nr. 12/ 1979, S. 138

204) Christa Quitter, Im Frühling der Freiheit. Iranisches Tagebuch, Frankfurt/ M. 1979, S. 33

205) ebd., S. 44

206) vgl. Nawal el Saadawi, a.a.O., S. 46

207) vgl. Cheryl Benard und Edit Schlaffer, Der Islamacho. Apartheid der Geschlechter nach der islamischen Revolution. In: Psychologie heute, 12/ 1981, S. 42

208) ebd., S. 44

209) Nawal el Saadawi, a.a.O., S. 155

8. LITERATURVERZEICHNIS

Abdullah, Muhammad S.: Die islamische Frau zwischen Tradition und Emanzipation, in: Michael Fitzgerald, Adel Th. Khoury, Werner Wanzura (Hg.), Mensch, Welt, Staat im Islam. Graz, Wien, Köln 1977, S. 31 – 57

Abrahamian, Ervand: Die Guerilla-Bewegung im Iran von 1963 bis 1977, in: Berliner Institut für vergleichende Sozialforschung (Hg.), Religion und Politik im Iran. Mardom nameh – Jahrbuch zur Geschichte und Gesellschaft des Mittleren Orients, Frankfurt a.M. 1981, S. 337 - 360

Ali, Maulana Mohammad: The Religion of Islam. A comprehensive discussion of the sources, Principles and Practices of Islam, Lahore - Pakistan 1950

Antes, Peter: Ethik und Politik im Islam, Stuttgart, Berlin, Köln, Mainz 1982

Bani, Omol: Fatima statt Farah. Erfahrungen einer Frau in der iranischen Revolution, Tübingen 1980

Beauvoir, Simone de: Das andere Geschlecht, Sitte und Sexus der Frau, 5. Aufl. Reinbek bei Hamburg 1980

Behrawan, Abdol Hossein: Iran: Die programmierte Katastrophe. Anatomie eines Konflikts, Frankfurt a.M. 1980

Berger, Bengina Rose-Marie: Der Wandel sozialer Rollen in Tunesien – Eine Untersuchung die tunesische Industriearbeiterin, Freiburg i.Br. 1967 (Diss.)

Benard, Cherly und Edit Schlaffer: Die ganz gewöhnliche Gewalt in der Ehe. Texte zu einer Soziologie von Macht und Liebe, 4. Aufl. Hamburg 1980

Bernard, Cherly und Edit Schlaffer: Der Islamacho. Apartheid der Geschlechter nach der islamischen Revolution, in: Psychologie heute 12/ 1981, S. 40 - 50

Die Bibel oder die ganze Heilige Schrift des Alten und Neuen Testaments nach der Übersetzung Martin Luthers mit Apokryphen – revidierter Text, Stuttgart 1974

Die Bibel in heutigem Deutsch. Die Gute Nachricht des Alten und Neuen Testaments ohne die Spätschriften des Alten Testaments (Deuterokanonische Schriften/ Apokryphen), 2. durchgesehene Auflage Stuttgart 1982

Blank, Richard (Hg.): Schah Reza – der letzte deutsche Kaiser. Dokumente aus der Regenbogenpresse, Reinbek bei Hamburg 1979

Boisard, Marcel A.: Der Humanismus des Islam, Kaltbrunn 1982

Bornkamm, Günter: Paulus, 3. erneut durchgeseh. Aufl. Stuttgart, Berlin, Köln, Mainz 1977

Brasch, R.: Dreimal schwarzer Kater. Aberglaube, Sitte und Gewohnheiten und ihre merkwürdigen Ursprünge, Wiesbaden 1979

CISNU: Folter im Iran, Westberlin o.J.

CISNU: Frauen im Iran, Hannover 1979

Conzelmann, Hans: Der erste Brief an die Korinther, 2. überarb. und ergänzte Aufl. dieser Auslegung, 12. Aufl. Göttingen 1981

Conzelmann, Hans, Andreas Lindemann: Arbeitsbuch zum Neuen Testament, 3. wiederum durchges. und verb. Aufl. Tübingen 1977

Crapanzano, Vincent: Die Hamadša. Eine ethnopsychiatrische Untersuchung in Marokko. Mit einer Einführung v. Paul Parin, Stuttgart 1981

Däubler-Gmelin, Herta: Frauenarbeit oder Reserve zurück an den Herd!, Reinbek bei Hamburg 1977

Daly, Mary: Kirche, Frau und Sexus, Olten 1970

Davis, Elizabeth Gould: Am Anfang war die Frau. The first sex, 3. Aufl. München 1980

Deffarge Marie-Claude, Gordian Troeller: Freiheit unter dem Schleier in: Frauen der Welt, 2. Aufl. Frankfurt a.M. 1984, S. 87 - 119

Delling, G.: Paulus Stellung zu Frau und Ehe, 1931

Deschner, Karlheinz: Das Kreuz mit der Kirche. Eine Sexualgeschichte des Christentums, 4. Aufl. Düsseldorf 1980

Erlbeck, Ruth: Frauen in Indien, Münster 1978

Faxon, Alicia Craig: Frauen im Neuen Testament. Vom Umgang Jesu mit Frauen, München 1979

Galal, Salma: Emanzipationsversuche der ägyptischen Frau, Münster 1977

Gerstenberger, Erhard S., Wolfgang Schrage: Frau und Mann, Stuttgart, Berlin, Köln, Mainz 1980

Grundmann, Walter: Das palästinensische Judentum im Zeitraum zwischen der Erhebung der Makkabäer und dem Ende des Jüdischen Krieges, in: Johannes Leipoldt und Walter Grundmann, Umwelt des Urchristentums. I. Darstellung des neutestamentlichen Zeitalters, 3. ergänzte Aufl. Berlin 1971

Halliday, Fred: Iran. Analyse einer Gesellschaft im Entwicklungskrieg, Berlin 1979

Halliday, Fred: Iran im Zeichen der Revolution, in: Brennpunkt Mittel-Ost. Mit Beiträgen von Fred Scholz u.a., Stuttgart, Berlin, Köln, Mainz 1981

Hansen, Henns Harald: The kurdish Woman's life. Field Research in a muslim society, Iraq, København 1961

Harenberg Lexikon der Religionen: Die Religionen und Glaubensgemeinschaften der Welt. Ihre Bedeutung in Geschichte, Alltag und Gesellschaft. Dortmund 2002

Heiler, Friedrich: Die Frau in den Religionen der Menschheit, Berlin 1976

Heim, Susanne: Frauen im Iran, in: Autonomie, „Der Iran“, 5/ 79, S. 34 - 42

Heller, Ermute: Die Situation der Frau in der Islamischen Gesellschaft, in: Axel Buchholz und Martin Geiling (Hg.), Frankfurt a.M., Berlin, Wien 1980, S. 70 - 86

Herders Neues Volkslexikon: Freiburg, Basel, Wien 1974

Höll, Rosemarie: Die Stellung der Frau im zeitgenössischem Islam; dargestellt am Beispiel Marokkos, Frankfurt a.M. 1973

Internationalismus Kollektiv: Frau und Revolution im Iran, Hannover 1980

Janssen-Jurreit, Marielouise: Sexismus. Über die Abtreibung der Frauenfrage, 2. Aufl. Frankfurt a.M. 1980

Jelsma, Anke J.: Heilige und Hexen. Die Stellung der Frau im Christentum, Konstanz 1977

Jeremias, J.: Jerusalem zur Zeit Jesu, 3. Aufl. o.O. 1963

Junker, A.; B. Alawi: Persisch-Deutsches Wörterbuch, Leipzig 1968

Khoury, Adel Th.: Begegnung mit dem Islam. Eine Einführung,

Freiburg i.Br. 1980

Khoury, Adel Th.: Zur heutigen Renaissance des Islam, in: Michael Fitzgerald, Adel Th. Khoury, Werner Wanzura (Hg.), Renaissance des Islams – Weg zur Begegnung oder zur Konfrontation? Graz, Wien, Köln 1981, S. 11 - 34

Kirchenkanzlei im Auftrag des Rates der EKD: Die Frau in Familie, Kirche und Gesellschaft. Eine Studie zum gemeinsamen Leben von Frau und Mann, Gütersloh 1979

Knabe, Erika: Frauenemanzipation in Afghanistan: ein empirischer Beitrag zur Untersuchung von sozio-kulturellem Wandel und sozio-kultureller Beständigkeit, Meisenheim am Glan 1977

Große Konkordanz zur Lutherbibel: Stuttgart 1979

Der Koran: Aus dem arabischen Übertragen von Max Henning. Einleitung und Anmerkungen von Annemarie Schimmel, Stuttgart 1960

Der Koran: Übersetzung von Rudi Paret, 2. Aufl. Stuttgart, Berlin, Köln, Mainz 1980 (Konkordanz)

Laffin, John: Islam. Weltbedrohung durch Fanatismus, München 1980

Leipoldt, Johannes: Die Frau in der Antiken Welt und im Urchristentum, Leipzig 1954

Leipoldt, Johannes: Jesus und die Frauen. Bilder aus der Sittengeschichte der alten Welt, Leipzig 1921

Leßner, Dietlinde: Zur sozialen Lage der Frauen in Entwicklungsländern. Eine Fallstudie: Algerien, Paris 1977

Leuschner, Joachim: Deutschland im späten Mittelalter, Göttingen 1975

Lexikon der islamischen Welt: Hrsg. von Klaus Kreiser, Werner Diem, Hans-Georg Majer, Suttgart, Berlin, Köln, Mainz 1974, 3. Bd.

Lohse, Eduard: Umwelt des Neuen Testaments, Göttingen 1971

Masry, Youssef el: Die Tragödie der Frau im arabischen Orient, München 1963

Meinhold, Peter: Die Religionen der Gegenwart. Ihre Herkunft - ihre Besonderheiten – ihr Beitrag zur Lösung der Weltprobleme. Mit einem vergleichenden Themenregister, Freiburg i.Br. 1978

Moltmann-Wendel, Elisabeth: Freiheit, Gleichheit, Schwesterlichkeit. Zur Emanzipation der Frau in Kirche und Gesellschaft, 2. Aufl. München 1978

Müller, Iris: Unterschwellige Vorurteile, in: Publik-Forum 23/ 1979

Naumann, Michael, Josef Joffe: Teheran – Eine Revolution wird hingerichtet. Dokumente und Reportagen aus Die Zeit, München 1980

Nordwest Zeitung: 9.1.1982

Otto, Gert (Hg.): Sachkunde Religion, 5. ergänzte Aufl. Stuttgart, Berlin, Köln, Mainz 1977

Paret, Rudi: Mohammed und der Koran. Geschichte und Verkündigung des arabischen Propheten, 4. Aufl. Stuttgart, Berlin, Köln, Mainz 1976

Poliakov, Léon: Geschichte des Antisemitismus. Bd. 1 Von der Antike bis zu den Kreuzzügen, 2. unveränd. Aufl. 1979

Quitter, Christa: Im Frühling der Freiheit. Iranisches Tagebuch, Frankfurt a.M. 1979

Ravasani, Schapour: Iran. (Vorwort Professor Ulrich Albrecht), Stuttgart 1978

Ravasani, Schapour: Sowjetrepublik Gilan. Die sozialistische Bewegung im Iran seit Ende des 19. Jh. bis 1922, Berlin, o.J.

Reclams Bibellexikon: Hrsg. Von Klaus Koch u.a., Stuttgart 1978

Die Religion in Geschichte und Gegenwart: Bd. 5, 3. völlig neu bearb. Aufl. Tübingen 1961

Richter-Dridi, Irmhild: Frauenbefreiung in einem islamischen Land – ein Widerspruch? Das Beispiel Tunesien, Frankfurt a.M. 1981

Saadawi, Nawal el: Tschador – Frauen im Islam, Bremen 1980

Schäppi, L.: Die Stellung der Frau im Judentum, im Islam und im Christentum, in: Judaica, S. 103 - 112 u. 161 - 172

Schamah, Muhammad: Die Darstellung der Frau im sunnitischen Islam unter besondere Berücksichtigung Ägyptens, Berlin 1968 (Diss.)

Scharffenort, Gerta, Klaus Thraede: Freunde in Christus werden. Kennzeichen Bd. 1, Gelnhausen, Berlin 1977

Schüssler-Fiorenza, Elisabeth: Der Beitrag der Frau zur urchristlichen Bewegung, in: Willy Schottroff und Wolfgang Stegemann, Traditionen der Befreiung. Sozialgeschichtliche Bibelauslegung, Bd. 2 Frauen in der Bibel, München, Gelnhausen 1980, S. 60 – 90

Schüssler-Fiorenza, Elisabeth: Die Frauen in den vorpaulinischen und paulinischen Gemeinden, in: Bernadette Brooten und Norbert Greinacher (Hg.), Frauen in der Männerkirche, München 1982

Scmithals, Walter: Die Gnosis in Korinth. Eine Untersuchung zu den Korintherbriefen, dritte bearb. u. ergänzte Aufl. Göttingen 1969

Schuckar, Monika und Massudeh Gholamsad: „Wir haben keine Revolution gemacht für den Rückschritt!“ Frauenkämpfe im ersten Jahr der islamischen Republik Iran, in: Sozialwissenschaftliche Forschung und Praxis für Frauen e.V. (Hg.), Beiträge 3. Zur feministischen Theorie und Praxis: Frauen und „Dritte Welt“, München 1980, S. 7 – 25

Seibert, Ilse: Die Frau im Alten Orient, Leipzig 1973

Simon, Gottfried: Die Welt des Islams und ihre Berührungen mit der Christenheit, Gütersloh 1948

DER SPIEGEL: 15/ 1978

DER SPIEGEL: 50/ 1978

DER SPIEGEL: 4/ 1979

DER SPIEGEL: 12/1979

Stern: 8.2.1979

Stewart, Desmond: Islam. Die mohammedanische Staatenwelt, 2. Aufl. Reinbek bei Hamburg 1975

Thimm, Klaus und Schahnas Aalami: Die muslimische Frau zwischen Tradition und Fortschritt, Frauenfrage und Frauenentwicklung in Ägypten und Iran, Berlin 1976

Thraede, K.: Ärger mit der Freiheit. – Die Bedeutung von Frauen in Theorie und Praxis der alten Kirche, in: G. Scharfenort und K. Traede, „Freunde in Christus werden.“ Die Beziehung von Mann und Frau als Frage an Theologie und Kirche. Kennzeichen Bd. 1, Gelnhausen – Berlin 1977

Thyen, Hartwig: „… nicht mehr männlich und weiblich …“. Eine Studie zu Galater 3,28 in: Frank Crüsemann, Hartwig Thyen, Als

Mann und Frau geschaffen – exegetische Studie zur Rolle der Frau, Gelnhausen und Berlin 1978

Tibi, Bassam: Die Krise des modernen Islams. Eine vorindustrielle Kultur im wissenschaftlich-technischen Zeitalter, München 1981

Vocke, Harald: Der Islam – Unzugänglich wie ein verschlossenes Tor. Eine Annährung, in Melvin J. Lasky (Hg.), Nahost in Flammen. Araber, Juden und neue Hoffnungen für den Frieden, Weinheim & Basel 1982

Walther, Wiebke: Die Frau im Islam,. Stuttgart, Berlin,Köln, Mainz 1980

Wanzura, Werner: Anleitung zum Lesen des Korans, in: Michael Fitzgerald, Adel Th. Khoury, Werner Wanzura (Hg.), Moslems und Christen – Partner? Graz-Wien, Köln 1976

Wendland, Paul: Die hellenistisch-römische Kultur in ihren Beziehungen zum Judentum und Christentum, 4. Aufl. erweitert um eine Bibliographie von Heinrich Dörrie, Tübingen 1972

Wissmann, Hermann von: Bauer, Nomade und Staat im islamischen Orient, in: Rudie Paret (Hg.), Die Welt des Islam und die Gegenwart, Stuttgart 1961

Wolff, Hanna: Jesus der Mann. Die Gestalt Jesus in tiefenpsychologischer Sicht, Stuttgart 1975

Woodsmall, Ruth Frances: Der Aufstieg der mohammedanischen

Frau, Erlenbach-Zürich und Leipzig o.J.

Onlinequellen:

http://de.wikipedia.org/wiki/Frauenorden